「正しい敬語と上級の気遣い」
一生ものの

# 先生！ダメダメな私を2時間で仕事デキる風にしてください！

諏内えみ

KADOKAWA

# はじめに

## 「ダメ認定」「崖っぷち」なビジネスパーソンに捧ぐ“ハッタリ”本

「どうしたら“デキる人”に見えるのだろうか?」
「“一目置かれる人”ってどんな言葉遣いをしているの?」
「課長からレッドカードを出される前に何とかしなければ……」
本書はこのような方のために書き上げた、言わばビジネスの“ハッタリ”本です。

- **同期の中で秀でた印象を与えたい**
- **「語彙が豊富な人」と思わせたい**
- **クライアントに「さすが」と言わせたい**
- **上司に堂々と話したい**
- **後輩に尊敬され、憧れられたい**
- **取引先に誠実さを表したい**
- **会議で「デキる感」を醸し出したい**
- **営業先で信用、信頼を得たい**
- **一目置かれるプレゼンをしたい**
- **自信たっぷりに自分の意見を発言できるようになりたい**
- **「頭がいい人」と思われたい**

誰しもこのような願いをお持ちでしょう。しかし……残念なことに、新人研修で教わった敬語や挨拶言葉では、それらは叶いません。世に溢れているマナー本にも載っていないことばかり! 上司からはイエローカードが突き付けられ、クライアントからも信頼をなくしつつある今、「一体どうしたらいいの!?」と途方に暮れてはいませんか?
とは言え、そんな状況であっても、
「手っ取り早く、できればラクして、仕事がデキる人に見られたい!」
というのが本音ではないでしょうか?

**大丈夫です!**
**「ダメな新人」「使えない社員」の烙印を押される前に、たった2時間だけ、この本を読んでみてください!** ここに書かれたセリフをそのまま真似るだけで、あなたを今日から「仕事デキる風」にしてさしあげましょう。

## 真似るだけで、今すぐ「仕事がデキる風」になれる

私のマナースクールでは、会話もふるまいもマナーもまずは形（カタチ）から入ります。「え？ マナーは心でしょ？ 思いやりでしょ！」と違和感を持たれた方もいらっしゃるのでは？ もちろんそれらが大切なことは、ここで改めて申し上げるまでもなく、ごく当たり前のことです。

では、思いやりの心だけで「誠実な人」「謙虚な人」「頼れる人」、そして「デキる人」という印象を与えられるかと言えば……答えはNO。せっかくの心も、言葉で表現する術がなければ、相手には伝わりません。むしろ、「誤った型（カタ）」や「勘違い敬語」は無礼となり、相手に不快感を与え、さらには、あなたの印象も会社の評価も下げてしまうかもしれません！

## 誰でもすぐマスターできる“型”をお教えします

武道でも伝統芸能でもまずは師匠の模倣から学びます。
言葉や話し方も同じなのです。

**“ハッタリ”で今すぐなんとかする！**

本書は「2時間で読み切れて、一般のマナー本には載っていない“デキる人の一目置かれる伝え方”をマスターする」ことを目的としています。

「明日、朝一番でクライアント先の会議に出ることになった」
「直属の上司に、企画書の説明をするように言われた」
「苦手な電話で、取引先の部長に交渉をしなければならない……」

などの、「今すぐに何とかしなければ！」にお応えできるのが本書です。どうしよう……と悩む時間があったら、まずはここに書かれた言葉をただただ真似てみてください。

デキる人になる第一歩は、「デキる風」になることから始まります。

模倣をしていけばいつの間にか「ハッタリ」が「等身大」になるのです。

さあ、あなたも「ハッタリ」を上手に使いこなしていきましょう。

諏内えみ

# CONTENTS

## Chapter 2 電話を受ける

## Chapter 4 来客のとき

## Chapter 5 上司との会話

## Chapter 6 上司に言いにくいこと

## Chapter 7 クライアントとのコミュニケーション

## Chapter 8 クライアントに言いにくいこと

Chapter 9

# 挨拶や雑談のとき

Chapter 10

# 冠婚葬祭のとき

# ～「ダメダメ」さんたちの成長物語～

# 本書の使い方

ビジネスの「あるある場面」をピックアップ。「ダメダメ」さんたちと共に、「一目置かれる伝え方」を学び、「デキる人」へと成長していきましょう。

通常のマナー本ではなかなか取り上げない、仕事上での「あるある場面」をピンポイントで紹介。リアルな状況なので今すぐ使えて便利！

あなたをワンランク上に見せてくれる「デキる人の一目置かれる伝え方」。正しい敬語＋気遣いのひと言で、周囲からの印象＆評価もグンとアップ！

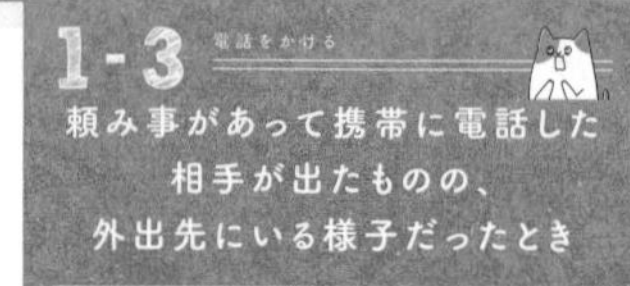


つい言ってしまいがちな言葉

あ、〇〇の件でお聞きしたいのですが、
実は先日ですねぇ……

一般的な敬語

今、お話ししてもよろしいでしょうか？

22

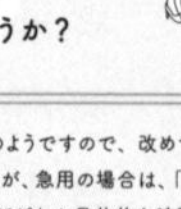

デキる人の

一目置かれる伝え方

**外出先でいらっしゃるようで
恐れ入りますが、
2分ほどよろしいでしょうか？**

急ぎの用件でなければ「外出先のようですので、改めてかけ直します」と告げてもよいのですが、急用の場合は、「1分で終わりますので」や「4～5分ほど」と具体的な時間の目安を伝えた上で相手の了解を得るのが礼儀です。「今、お話ししてもよろしいでしょうか？」など所要時間が曖昧な聞き方では、相手も判断がつきにくく迷惑となる可能性も。

また、話の流れ次第で、当初の時間よりオーバーしてしまう場合は、「恐れ入ります。もう少しよろしいですか？」と断りを入れるとより心遣いが伝わりますね。

電車の遅延の際も、「ただいま〇〇のため停車しております。運転再開は△分後の予定です」とアナウンスがあるかないかで、不安やストレスが全く違います。都度、目安の時間や状況を共有することは非常に大切なのです。

状況確認って、相手への
ホンモノの気遣いなんだ！

Chapter1 電話をかける

23

新人にありがちなセリフ。学生がバイト先で使うような印象で、ビジネス上では呆れられることも多々。2年目以降の人が使うとちょっと恥ずかしい。

「一般的な敬語」は、社会人として悪くはないものの、70点レベル。「デキる人」とは思われません！

ダダ漏れな「ダメダメ」さんの心の声に、お目付け役の毒舌ネコがダメ出し！

「ダメダメ」さんが、先生から学んだ気づきと感想です。頼もしく成長していく姿がわかります！

## 本書に登場する人物たち

「ラクして仕事ができないかな～」という「ダメダメ」さんたち。数々のしくじりで、レッドカードを出される崖っぷち！　最後の手段として、2時間でこの本を読み、なんとかピンチを切り抜けたい！　「あ、もちろん本当にデキるビジネスパーソンになれたらラッキー」と思っている。

**ダメ男くん＆ダメ子さん**

この本の「先生」で、著者。普段使いがちな“勘違い敬語”を鋭く指摘！　同期に差をつけるための、一目置かれる話し方を的確に指導し、「ダメダメ」さんたちの成長を後押しする存在。著書累計75万部超の講師でもある。

**諏内えみ先生**

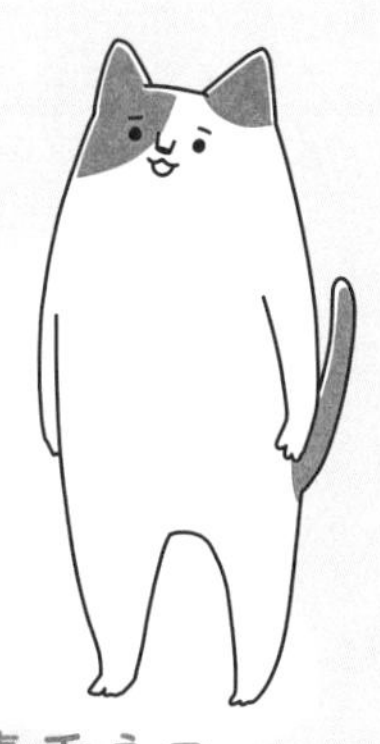

「ダメダメ」さんのお目付け役。ダメダメ発言に毒舌でツッコミつつ、正しい方向に向かうよう見守っている。人事部にいてほしいタイプ！

**毒舌ネコ**

Chapter

# 1

# 電話をかける

あっ
会議中ですか
では後ほど
かけ直します
メモ
メモ
でんわ
かけなおす
ポチ
ポチ
ポチ
さっ
帰ろーっと
るん、
メモした
意味は？

# 1-1 電話をかける

# 他社に問い合わせの電話をしたら、担当以外の人が電話に出たとき

つい言ってしまいがちな言葉

○○のことがわかる人に代わってください。

一般的な敬語

○○の件について、
ご回答いただける方に代わってください。

デキる人の

一目置かれる伝え方

# 恐れ入りますが、○○の件について ご回答いただける方に 代わっていただけますか?

相手に依頼をする際は、それなりの謙虚な姿勢が大切です。電話の場合は、顔が見えないため、表情による微妙なニュアンスが伝わりにくいので、特に注意が必要です。

いきなり用件に入るよりは、「恐れ入りますが」という“クッション言葉”をはさむと柔らかく、そして謙虚さが伝わります。また、それにより相手もひと呼吸おくことができます。

一般的に使われる「〜してください」「〜してくださいませ」は間違いではないのですが、丁寧な言い方であっても、実は命令形となります。相手に指示する言葉と受け取られてしまい、「そうせざるを得ない」という、選択のしようがないニュアンスに捉えられます。

依頼する場合は、「代わっていただけますか?」など疑問形にすることで相手に選択を委ねる形にでき、より丁寧さが伝わります。

疑問形なら丁寧に聞こえて、押し付けっぽくならない!

# 1-2 電話をかける

# 「この人に聞いてみるといいよ」と紹介された相手に電話をしたとき

つい言ってしまいがちな言葉

×

**○○さんからの紹介でして……。**

一般的な敬語

△

**○○様のご紹介で、お電話をいたしました。**

○○について
なんですがぁ……

まずは挨拶!

一目置かれる伝え方

# 初めてお電話をいたします。〇〇様にご紹介いただきました、△△と申します。

面識のない方に電話をする際は、「初めてお電話をいたしますが」など、ひと言目で状況が伝わる挨拶言葉を入れましょう。つづいて、ご紹介くださった方のお名前と自身の名前を伝えます。

なお、間に立ってくださった方は、ちゃんと連絡がとれているか？ その案件が滞りなく進んでいるか？ とご紹介した手前気になるもの。「お電話したところご不在だったので、また明日ご連絡してみます」や、「おかげさまで、来週の〇曜日にお会いすることになりました。お取り次ぎくださり、ありがとうございました」など、ある程度落ち着くところまでは、随時、進捗報告を入れるのがマナーです。

まずは状況がわかる挨拶言葉。
そして、紹介者への報告もマナー！

# 1-3 電話をかける

# 頼み事があって携帯に電話した相手が出たものの、外出先にいる様子だったとき

つい言ってしまいがちな言葉

×

**あ、○○の件でお聞きしたいのですが、実は先日ですねぇ……。**

一般的な敬語

△

**今、お話ししてもよろしいでしょうか？**

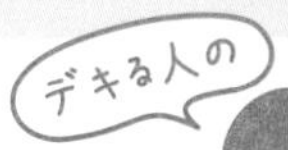


一目置かれる伝え方

# 外出先でいらっしゃるようで恐れ入りますが、2分ほどよろしいでしょうか？

急ぎの用件でなければ「外出先のようですので、改めてかけ直します」と告げてもよいのですが、急用の場合は、「1分で終わりますので」や「4～5分ほど」と具体的な時間の目安を伝えた上で相手の了解を得るのが礼儀です。「今、お話ししてもよろしいでしょうか？」など所要時間が曖昧な聞き方では、相手も判断がつきにくく迷惑となる可能性も。

また、話の流れ次第で、当初の時間よりオーバーしてしまう場合は、「恐れ入ります。もう少しよろしいですか？」と断りを入れるとより心遣いが伝わりますね。

電車の遅延の際も、「ただいま〇〇のため停車しております。運転再開は△分後の予定です」とアナウンスがあるかないかで、不安やストレスが全く違います。都度、目安の時間や状況を共有することは非常に大切なのです。

状況確認って、相手へのホンモノの気遣いなんだ！

1-4 電話をかける

# 電話した相手が席を外していると告げられたとき

つい言ってしまいがちな言葉

×

**○○ですけど、折り返し電話くださぃ。**

一般的な敬語

△

**○○と申しますが、**
**戻られましたらお電話いただけますか？**

デキる人の
一目置かれる伝え方

## ○○と申しますが、30分後に私の方からもう一度お電話いたしてもよろしいでしょうか？

自分から再度電話をかけるのは礼儀にかなっていますが、「お電話いたします」と言い切るのではなく、「お電話いたしてもよろしいでしょうか？」と相手の都合を聞く形のほうが好ましいでしょう。急ぎの用件の場合は、その旨も伝えます。

「本人から折り返させます」とおっしゃっていただいた際は、「恐れ入ります、お手数ですがお願いできますでしょうか？」と受け入れて問題ありません。ただし、自分も外出等で電話に出られない可能性があるなら、「もし私も出られない際は、すぐに折り返させていただきます」と付け加えておきます。

相手から折り返していただくことについては、料金の負担が気になることも。その場合、かけていただいた際に「恐れ入ります、すぐにおかけ直しいたしますので」と申し出れば、その旨が伝わり、相手が判断してくれるでしょう。

電話をかけ直すなら、
了承を得ると丁寧！

# 1-5 電話をかける

# 電話した相手が席を外していたものの、「すぐ戻ると思います」と言われたとき

つい言ってしまいがちな言葉

じゃあ、このまま待っています。

一般的な敬語

電話をつないだまま、
待たせていただきます。

一目置かれる伝え方

# お差し支えなければ、電話をつないだまま、待たせていただいてよろしいでしょうか？

「すぐ戻る」の「すぐ」が具体的に何分なのか、判断しかねるところです。会議や外出でなければそれほど長く離席することもないでしょう。本当に「すぐ」戻られるようでしたら、「折り返しご連絡をいただけますか？」と頼むのは相手に手間をかけることになるため、このまま待たせていただきたい旨をおうかがいしてみましょう。

ただし、電話をつないだまま待つことにより、その電話をふさいでしまうことになるので、必ず「ご迷惑でなければ」「お差し支えなければ」「よろしければ」など気遣いのひと言を添えてくださいね。

待たせてもらうには了承を得てから！

# 1-6 電話をかける

# 電話した相手が外出中で、戻り時間を確認したいとき

つい言ってしまいがちな言葉

×

**何時だったら大丈夫です？**

一般的な敬語

△

**何時でしたらいらっしゃられますでしょうか？**

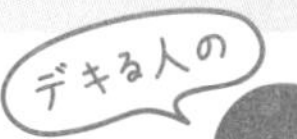


一目置かれる伝え方



# 恐れ入りますが、何時ごろでしたらお席にいらっしゃるご予定でしょうか？

「いらっしゃられる」は非常に丁寧な言い方のように思えますが、「いらっしゃる＋られる」の二重敬語になるので「いらっしゃる」が正解です。『源氏物語』など古典の中では天皇や天皇に近い位の人に対して二重敬語が使われていますが、現代では二重敬語は間違った表現と見なされますので注意が必要です。

戻り時間を尋ねる際は、「予定」という聞き方が適切です。外出先からの戻り時間のように確定ではない時間については、「何時ごろ戻られるご予定ですか？」と、「ごろ」「予定」を使うのがおすすめです。これはビジネス上の会話でのポイントとなります。

二重敬語は、逆に恥ずかしい！

1-7 電話をかける

# 電話した相手が外出中で、夕方には戻ると思うと言われたとき

つい言ってしまいがちな言葉

×

**だったら、そのとき電話します。**

一般的な敬語

△

**では、そのころにお電話いたします。**

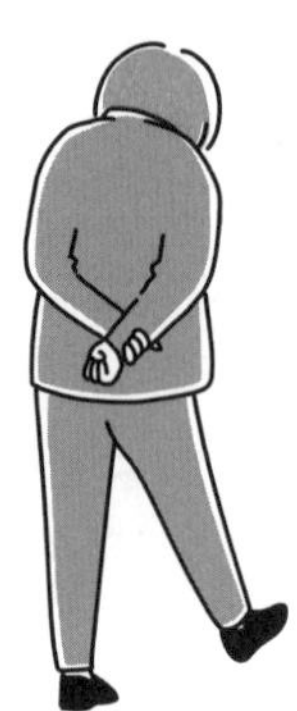

デキる人の 一目置かれる伝え方

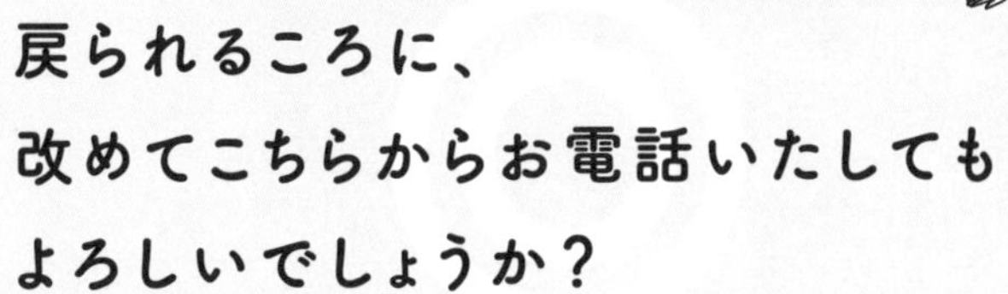

# 戻られるころに、改めてこちらからお電話いたしてもよろしいでしょうか?

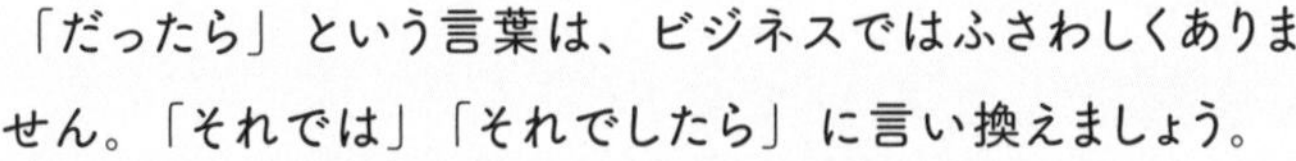

「だったら」という言葉は、ビジネスではふさわしくありません。「それでは」「それでしたら」に言い換えましょう。

帰社なさることがわかったら、「電話があったことだけお伝えいただけますでしょうか?」と伝言をお願いするか、「それでは、戻られるころにこちらからお電話いたしてもよろしいでしょうか?」と確認します。

なお、名刺やメールに携帯電話の番号が記載されていることも多いと思いますが、相手から「電話は携帯に」と言われていなければ、初回の電話は会社にかけるほうが無難です。その上で、「次回からは携帯にお電話してもよろしいでしょうか?」と了承を得ると丁寧です。

戻ることがわかったら、
再度自分から!

# 1-8 電話をかける

# 電話した相手が会議中だと言われたので、1時間ほどたってかけ直したとき

つい言ってしまいがちな言葉

×

**さっき電話したんですけど、**
**○○さんは会議終わりましたか？**

一般的な敬語

△

**先ほどお電話した△△ですが、**
**○○様は戻られましたでしょうか？**

会議とか言って、サボってたりして……

自分と一緒にすな！

デキる人の
一目置かれる伝え方

# たびたび失礼いたします。先ほどお電話した△△ですが、〇〇様はお戻りになりましたでしょうか？

「ただいま会議中ですので」と離席の理由を言われたとしても、再度電話をしたときに「会議は終わりましたか？」と聞くのは避けましょう。相手の事情に踏み込みすぎる印象となり、失礼にあたることがあります。

知りたいのは、会議が終わったかどうかではなく、相手が電話に出られる状況にあるかどうかなので、「お戻りになりましたでしょうか？」とお聞きするのが〇。

また冒頭で「たびたび失礼いたします」と添えると、丁寧な態度であるとともに、急ぎや重要な用件ということが伝わるので、先方も責任をもって取り次いでくれるでしょう。

相手の方が出られたときにも、「お忙しいところたびたびのお電話申し訳ございません」の言葉を。

「たびたび失礼いたします」は
急ぎの案件アピールになる！

# 1-9 電話をかける

# 自分の離席中に他社から電話があったと伝言があり、折り返し電話したとき

つい言ってしまいがちな言葉

×

**電話をもらったみたいなんですけど、**
**〇〇さんいますか？**

一般的な敬語

△

**〇〇様よりお電話をいただいたのですが……。**

一目置かれる伝え方

# 先ほど〇〇様からお電話をいただいた△△と申しますが、〇〇様はお手すきでしょうか？

電話口の方に名乗る際には、〇〇様からお電話をいただいたため折り返した、という旨を含めて伝えます。

名指し人が電話に出たときには、「先ほどはお電話をいただき失礼いたしました」とお詫びをするのもマナーです。その際、「外出しておりまして」など、ある程度の理由はお伝えして構いませんが、「打ち合わせ中でして」や「来客中で……」などは要注意。「自分よりそっちのほうが大切だったのか」と気分を害することもあります。

また、電話を取り次ぐ側も、名指し人の離席事情を説明するのは避けます。「急ぎなので呼んでください」と無理をおっしゃる可能性もありますので、できるだけ社内事情は伝えずにいたほうが無難でしょう。

離席理由を言わないほうがいいこともある！

# 1-10 電話をかける

## 自分の離席中にクライアントから電話があったが、相手の名前がわからないまま折り返し電話をかけたとき

つい言ってしまいがちな言葉

×

**さっき電話くれたのって、誰ですかね？**

一般的な敬語

△

**先ほど私にお電話をくださった方は、どなたでしょうか？**

## 一目置かれる伝え方

**先ほど御社からお電話をいただきました○○と申します。こちらの確認不足で申し訳ないのですが、どなたがお電話くださったかおわかりになりますでしょうか？**

電話を取り次いだ人が、相手の会社名や名前を聞き間違えたり、聞き逃したりした場合もあるかもしれません。折り返した際はどなたが出られるかわかりませんので、電話口の方には「こちらの確認不足で申し訳ありません」とお詫びをし、確認していただくようお願いをします。

もし自身が取り次ぐ立場になった場合、相手の会社名や名前を聞き取れなかったり、お聞きするのを忘れてしまっていたら、電話の最後でも結構ですので、「恐れ入りますが、もう一度御社名とお名前をお願いできますか？」とお聞きするのは恥ずかしいことではありません。必ず確認するようにしてください。

社名と名前は
ゼッタイに聞いておく！

# 1-11 電話をかける

## FAXを送った相手に、受信できているかを確認するために電話したとき

つい言ってしまいがちな言葉

✕

**さっき送ったFAXの〇〇の部分なんですが……。**

一般的な敬語

△

**今FAXをお送りしましたが、**
**ちょっと見ていただけますか？**

デキる人の

一目置かれる伝え方

# 5分ほど前に△△様宛てに FAXをお送りいたしましたので、お手数ですが、ご確認いただけますでしょうか?

メールでのコミュニケーション、データでのやりとりが主流になったとはいえ、ビジネスにおいてはFAXを使うこともまだあるようです。しかし、相手が見落としている場合や、何らかの原因で受信できていない場合が少なくないのが、FAXの悩ましいところ。

送信する前に電話やメールで「この後FAXをお送りしますので、もし5分経っても届かないようでしたら、恐れ入りますがご一報いただけますでしょうか?」などと伝えておくと安心です。

ただし、もし届いていなかった場合は先方から連絡をいただく、という手間をかけてしまいますので、FAXを送信した後で「恐れ入りますが、届いているかご確認いただけますか」と、ご連絡なさるほうが、相手の負担は減らせます。

FAXは"送信予告"か"事後確認"を!

# 1-12 電話をかける

## 送信したはずのFAXが、相手に届いていなかったとき

つい言ってしまいがちな言葉

×

**じゃあ、もう一回送ります。**

一般的な敬語

△

**すみません。再度お送りします。**

# 失礼いたしました。それでは5分以内に再度お送りいたしますので、ご確認いただけますでしょうか？

FAXが相手に届かない理由はいくつか考えられます。送り手側のミスや機器のエラー、もしくは、先方のインクや用紙の不足、通信回線の不具合もあるかもしれません。昨今のインターネットFAXでしたらその心配も少ないでしょう。

もし相手側の何らかの事情で受信できなかったとしても、用件があり送る側が「失礼いたしました」や「お手数をおかけいたします」とお詫びの言葉をおっしゃるのは礼儀です。依頼する側は、常に謙虚な言葉遣いを心がけたいですね。

いかなるエラーもFAXを
送る側の責任としてお詫びを！

# 1-13 電話をかける

# 電話をかけた相手が不在だったため、伝言を頼むとき

つい言ってしまいがちな言葉

×

**伝えてもらいたいんですけど〜。**

一般的な敬語

△

**恐れ入りますが、伝言をお願いいたします。**

デキる人の
一目置かれる伝え方

# お手数をおかけしますが、伝言をお願いしてよろしいでしょうか？

名指し人が不在の場合、最も丁寧で謙虚なのが、再度自分から電話をかける旨を伝えることです。その他、名指し人が戻り次第折り返しかけていただくようお願いしたり、電話口の方に伝言を依頼する方法があります。急ぎの用件のときや、あまり煩雑ではない簡単な内容でしたら、伝言を頼んでもいいでしょう。

ただし、多少なりとも相手の手を煩わせることになるので、「では、伝言をお願いします」と当然のように言うのではなく、「恐れ入りますが、伝言をお願いしてよろしいでしょうか？」など、相手の承諾を得る形で伝えることを忘れずに。

伝言は相手の手を煩わすので、
丁寧に依頼！

# 1-14 電話をかける

# 電話をかけた相手が不在だったため、自分から再度電話することを伝えてもらうとき

つい言ってしまいがちな言葉

こっちからかけ直すと言ってください。

一般的な敬語

後ほどこちらからおかけ直しします、
とお伝えください。

# 改めてこちらからお電話いたしますので、折り返しは不要な旨、お伝えいただけますでしょうか？

電話連絡は、時に入れ違いになることもあり、相手とのタイミングを合わせるのが難しいことも。

電話をかけた相手が不在で、その後、折り返しの電話をいただいたものの、今度は自分が席を外していたり外出してしまったりでなかなか話せない……、ということも少なくありません。自身に会議や外出の予定があるようなときは、折り返しの連絡を頼むことがかえって失礼になってしまうかもしれません。

「この後、私も移動してしまいますので」など簡単に理由を告げて、「折り返しは不要でございます」とお伝えすれば、相手側の負担にも無駄にもなりません。

折り返しの依頼は、自身のその後の状況を考えてから！

Chapter

# 電話を受ける

1
プルルル
ハイッ
○○会社でございます
いつもお世話になっております
2
あっ部長の山田ですね
少々お待ちください
3
あっ
いたいた
えーーと…
4
部長、電話なんですけどー出ますかー!? それともいないって言いますかー!?
保留ボタンは必ず押せって言ってるでしょうが!

# 2-1 電話を受ける

# 電話をかけてきた相手から、不在の社員への伝言を頼まれたとき

つい言ってしまいがちな言葉

×

**はい、伝えときます。**

一般的な敬語

△

**はい、伝言を繰り返します。**

デキる人の
## 一目置かれる伝え方

# うかがった内容を、復唱させていただきます。
# （復唱後）△△に申し伝えます。
# 私、○○が承りました。

伝言を受ける側になったときには、相手に「この人に頼んだら大丈夫」と安心、信頼してもらえる対応を心がけたいものです。そのためには、「繰り返させていただきます」「復唱させていただきます」とお聞きした内容の復唱確認をするのは必須です。

さらに、「△△に申し伝えます」という言葉とともに「私、○○が承りました」を付け加えれば、より責任を持って伝えてもらえる、という信用、信頼感を与えられ、安心していただけます。以上のように、必ず申し伝える旨を告げ、自身を名乗ることはデキるビジネスパーソンのお約束です！

復唱し名乗れば、
信頼度UP！

## 2-2 電話を受ける

# お客様からクレームの電話。明らかに自社に非があったとき

つい言ってしまいがちな言葉

×

**それは、すいません。**

一般的な敬語

△

**こちらの手違いで、失礼いたしました。**

デキる人の

## 一目置かれる伝え方

**この度は私どもに不行き届きがあり、大変申し訳ございませんでした。不快な思いをさせてしまいましたこと、お詫びいたします。**

　自社側に落ち度があったことが明らかな場合、まずミスや不具合を認め謝罪の言葉を述べることは大前提です。その上で、相手の「不快な思い」に共感することも忘れないようにしましょう。

　クレームを伝えるまでの間、先方は不利益をこうむっただけでなく、不快な思いをし、また時間を費やし無駄にしていることも想像した上で、そのネガティブな気持ちを十分理解しております、という意味で「共感」の言葉を口にすることは非常に大切です。

「ご不便、ご不自由をおかけした」「ご不安にさせた」「不快な気持ちにさせた」など、状況に応じて言葉を選びお伝えします。

　クレームの初期対応としては、「謝罪」と「共感」をセットとし、誠意ある対応になるように心がけてください。

「謝罪」と「共感」で
クレームの第一関門突破！

2-3 電話を受ける

# いただいた電話の電波が悪く切れてしまい、自分からかけ直したとき

つい言ってしまいがちな言葉

×

**あれ？　今切れちゃいましたね。**

一般的な敬語

△

**すみません。電話が切れてしまいまして。**

デキる人の

一目置かれる伝え方



# お電話が切れてしまいまして、失礼いたしました。

電波状況が悪く、電話が途中で切れてしまうことも少なくありませんね。たとえ、自身の電波が良好であることは確実で、相手側の問題であったとしても、ここでは「失礼いたしました」といった大人のひと言は欲しいものです。

電話が途中で切れてしまったとき、どちらがかけ直すべきか迷うこともあります。また、双方でかけ直したことにより、何度もお話し中になってしまった経験も少なくないでしょう。

では、一体どちらからかけ直すべきなのでしょうか？ 基本的には、電話をかけた側からかけ直す、が正解です。ただし、相手がクライアントや目上の方の場合には、たとえ相手からいただいた電話だとしてもこちらからすぐにかけ直す、という敬意の気持ちを持つべきでしょう。また、立場を考えなくても、自身からかけ直したほうが印象がアップしますよ。

電波問題は、
先にかけ直し、お詫びする！

2-4 電話を受ける

# 相手の声が小さく、よく聞こえないとき

つい言ってしまいがちな言葉

**あの、大きい声でお願いします。**

一般的な敬語

**すみません、
もう一度おっしゃっていただけますか？**

## 一目置かれる伝え方



# 恐れ入りますが、もう一度お伺いできますか？
# （恐れ入りますが、お電話が少々遠いようなのですが……。）

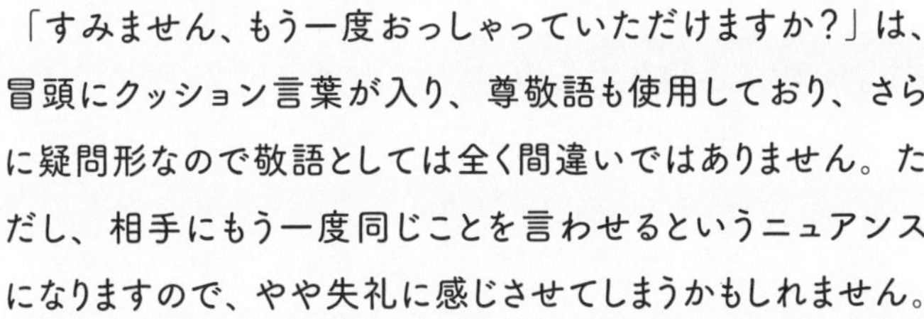

「すみません、もう一度おっしゃっていただけますか？」は、冒頭にクッション言葉が入り、尊敬語も使用しており、さらに疑問形なので敬語としては全く間違いではありません。ただし、相手にもう一度同じことを言わせるというニュアンスになりますので、やや失礼に感じさせてしまうかもしれません。

そこで、反対に自分が行動を起こす言葉「恐れ入りますが、もう一度お伺いしてよろしいでしょうか？」に換えてみると、遠回しな表現となり、より心地よい響きに変わります。

また、「お電話が少々遠いようなのですが……」は、相手の声の大きさが原因ではなく、電波状況が原因と捉えた表現になりますので、感じよく受け取っていただける伝え方です。

結果的には、相手が言い直す点で同様なのですが、主語の変換や電波トラブルを理由にするテクニックにより、相手の受け取り方が大きく変わります。

相手の落ち度と
感じさせない表現で！

# 2-5 電話を受ける

# かかってきた間違い電話の相手が、いきなり用件を話しだしたとき

つい言ってしまいがちな言葉

×

**どこにかけてますか?**

一般的な敬語

△

**失礼ですが、どちらにおかけでしょうか?**

デキる人の

## 一目置かれる伝え方

# こちらは〇〇株式会社ですが、お間違えはないでしょうか？

間違い電話とわかったとき、急にぞんざいな態度をとってはいませんか？ もしかしたら、その相手は大事なクライアントで、間違えてかけてしまったのかもしれません！ そんなとき、もしあなたが無愛想な対応をしたら、あなた自身はもちろん、自社の評価も下げることになりかねません。

まずは確認のため、こちらの社名を名乗り、「〇〇会社ですが、お間違えはないでしょうか？」とお聞きするのが品のいい対応です。

なお、個人の携帯にかかってきた間違い電話であったら、個人情報保護の観点からすぐには名乗らずに「番号をお間違えではないでしょうか？」と聞くだけに留めましょう。

相手のミスだからって、
ぶっきらぼうな態度はダメ！

2-6 電話を受ける

# セールスの電話がかかってきて、相手が強引に話し始めたとき

つい言ってしまいがちな言葉

×

**そういう電話は、断ってるんで。**

一般的な敬語

△

**結構です。**
**仕事中ですので失礼いたします。**

一目置かれる伝え方

# 恐れ入ります、上の者から営業のお電話はすべてお断りするように言われておりますので。失礼いたします。

「間に合ってます」や「結構です」は頻繁に使われている断り文句です。確かにその場は終了できますが、再度同様の電話がかかってくる可能性は大。「ただいま、来客中ですので」も、その場では引き下がったとしても、後日またかけてくるのが営業電話の通例。

今後一切、営業の電話をしてこないでほしいということを、ビジネスライクに、且つ毅然と伝えるには、「上の者からの指示」と表現するのが効果的です。自分は上司の指示に従うしかない、という立場を伝えられれば、相手も電話のリストから外さざるを得ないでしょう。

ただし、担当者が替わればまたかけてくることもあり得るので、「御社のリスト自体から外してください」と申し出るのもひとつの方法です。

断りにくいときは、上司の指示ってことに！

2-7 電話を受ける

# 別の部署への間違い電話を受けたとき

つい言ってしまいがちな言葉

✕

**ここは部署が違うんで、そっちにかけ直してもらえますか？**

一般的な敬語

△

**その件は○○部で扱っております。そちらにおかけ直しいただけますでしょうか？**

# その件は〇〇部が担当となりますので、ただいまおつなぎします。お電話そのままでお待ちいただけますでしょうか？

社内の部署なのに相手にかけ直させるのは、突き放された印象となり、よい対応とは言えません。可能でしたら内線でつなぐのがベターです。その場合、つないだ先の部署の人には、先方の社名、お名前、用件の概要について引き継いでおくのがマナー。相手に同じことを二度言わせるのは、ビジネスパーソン失格です。

なお、社内であっても内線ではつながらないこともあります。その際は、「申し訳ございませんが、内線で回せないため、お手数をおかけしますが、今から申し上げる番号におかけ直しいただけますでしょうか？」と、事情を含め、該当部署の電話番号をお伝えしましょう。もちろん、手元にない場合はお調べしてさしあげるのが親切です。

内線があればつなぐ。なければ番号を伝える！

電話を受ける

# 同僚にかかってきた電話を受けたが、本人が電話中のとき

つい言ってしまいがちな言葉

×

今、電話中みたいです。

一般的な敬語

△

ただいま〇〇は別の電話に出ております。

一目置かれる伝え方

## 申し訳ございません、ただいま〇〇は別の電話に出ております。私でよろしければご用件をおうかがいいたしますが……。

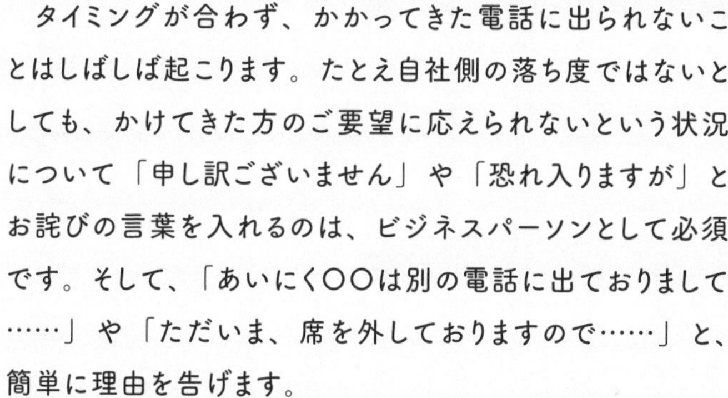

タイミングが合わず、かかってきた電話に出られないことはしばしば起こります。たとえ自社側の落ち度ではないとしても、かけてきた方のご要望に応えられないという状況について「申し訳ございません」や「恐れ入りますが」とお詫びの言葉を入れるのは、ビジネスパーソンとして必須です。そして、「あいにく〇〇は別の電話に出ておりまして……」や「ただいま、席を外しておりますので……」と、簡単に理由を告げます。

当人が対応できないときであっても、「何か私にできることはありますか？」という気持ちを「私でよろしければ承りますが」とお伝えできると、会社としての信用も高まりますね。

たとえ落ち度がなくても「申し訳ございません」！

電話を受ける

# 風邪で休んでいる社員宛ての電話を受けたとき

つい言ってしまいがちな言葉

×

**○○は風邪で休みです。**

一般的な敬語

△

**本日、○○はお休みをいただいております。**

## 申し訳ございません。〇〇は休暇を取っております。〇日△時には出社する予定でございます。

自社の社員が休んでいる理由は、外部の人にお伝えしないのが通常です。風邪であれ旅行であれ個人情報となるので、「休暇を取っております」に留めましょう。とくに体調に関する情報はデリケートなことなので伏せておきます。

また、ありがちな勘違い敬語が、「休暇をいただいています」「お休みさせていただいています」といった謙譲語。これは実は誤りです。休みは自社からもらうものであり取引先や顧客からいただくことではない、また権利でもある、ということから、敬語を心得ている人は謙譲語にはしません。

なお、次の出社の予定がわかっているときには、お伝えするほうが親切で信頼も高まります。体調不良であれば、予定通りにいかないこともありますが、現時点での「ごろ」「予定」として伝えることはできます。急ぎの用件なら、「私で承れるものでしたら、おうかがいいたします」などと対応しましょう。

休みの理由は言わなくていい！
出社日は「予定」として伝えよう

# 2-10 電話を受ける

# 電話をかけてきた相手から、課長との打ち合わせ日変更の伝言を頼まれたとき

つい言ってしまいがちな言葉

×

**では、私から伝えておくんで。**

一般的な敬語

△

**はい、確かに承りました。**

一目置かれる伝え方

## ○日△曜日の打ち合わせを◇日□曜日にご変更ご希望とのこと、申し伝えます。私、☆☆が承りました。

「了解しました」「承知しました」と言ってしまいがちですが、課長の都合により先方の希望が通るとは断言できません。「確かに伝言を受けた」という意味として用い、「日程変更に承諾した」とは受け取られないようにしましょう。判断できない案件は「申し伝えておきます」のみの表現が適切です。

また、内容を復唱して確認することも重要です。打ち合わせや締め切りなどの日程は、ビジネスでの重要なポイント。ここを間違えてしまうと、重大な事態になりかねませんので、ぜひ正確に慎重に対応しましょう。

日程を伝えたり確認したりする際には、「○日」や「○曜日」、「明日」などひとつの情報だけではなく、「○日の△曜日」や「明日の○日」など、2つ以上の情報を組み合わせてやり取りします。日程は絶対に間違えない、という思いで対応していきましょう。これはメールの際も同様です。

日付+曜日など、2つ以上の情報をセットで復唱！

Chapter

# 会議のとき

お腹が痛い
体調悪そうだし抜けたほうがいいんじゃない？
フォローしとくから
うんうん
コソッ
ありがとう——
あ——間に合った
ただ行き忘れただけか……心配して損した
TOILET
くっ

3-1 会議のとき

# 会議で新規企画のプレゼンをするとき

つい言ってしまいがちな言葉

**じゃあ、説明します。**

一般的な敬語

**それでは、ご説明させていただきたいと思います。**

一目置かれる伝え方

## それでは、私からご説明いたします。

プレゼンテーションの場では、自信たっぷりで毅然と、そして、凛（りん）としたイメージも必要です。そこで、謙譲語の「させていただきます」を多用してしまうと、低姿勢すぎる印象で自信を感じさせられません。と同時に、「さ行」が多いため耳につきやすいこともあるので注意が必要です。

「では、始めさせていただきます」「ご説明させていただきます」「以上で終わらせていただきます」など「○○させていただく」の多用は避け、「ご説明いたします」「質問をお受けいたします」などシンプルな言い方も取り入れてみてください。きっとこれまでより自信に満ち溢れ、堂々としたプレゼンになることでしょう!

プレゼンは
謙虚すぎると説得力がない!

3-2 会議のとき

# プレゼンがひと区切りつき、質問を募るとき

つい言ってしまいがちな言葉

×

**質問とかどうですか？　あ、ないですね。**

一般的な敬語

△

**ここまでで、ご質問はおありですか？**
**ないようでしたらこれで終了したいと思います。**

# ご質問などございましたら承ります。例えば、○○についてなどご不明な点はございませんか？よくあるご質問は……。

質問が全く出ないプレゼンは、全員が完璧に理解した、という考え方もありますが、逆に興味が湧かない、参画していない、という場合もあります。ぜひたくさんの質問が飛び交う活発な場面にしたいものです。

最初の問いかけで挙手がなかった場合、「ではこの辺で……」と終了する前に、「○○についてはいかがですか？」と具体的な部分に絞って聞いてみましょう。イメージが湧くので、意外と手を挙げる方が出てくるものです。

また、「よく、このような質問を受けるのですが、みなさんはいかがですか？」と、これまでに受けた質問を引用、紹介してみると、「あ、実はそれが知りたかった」と気づきを与えることができます。質問を増やすのもプレゼンターの腕の見せ所です！

質問されるってことは、
心にささったっていうこと！

3-3 会議のとき

# コンペで高い評価を得た企画を、会議で報告するとき

つい言ってしまいがちな言葉

✕

**私の企画、すごく評判がよかったです。**

一般的な敬語

△

**私の企画を高く評価してもらいました。**

デキる人の
一目置かれる伝え方

## ありがたいことに、我々の企画を高く評価していただきました。

企画自体もプレゼン資料の準備もほとんどひとりで行った場合、「私の企画」と言いたいところですが、通常、会社の後ろ盾や社内のリソースを使って進められたはずですので、「我々の企画」「当社の企画」といった表現にするほうが賢明です。

自社については「当社」「弊社」「小社」といった表現があります。「当社」は社内でも社外でも使う言葉、「弊社」は社外に対して自社をへりくだって言う言葉。「小社」は「弊社」と同じ意味合いですが、音だけでは「商社」「勝者」など同音異義語がいくつかありますので、口頭ではなく文字にする際に用いたほうがよいでしょう。

お手柄アピールは、
器が小さい！

# 他社の担当者の説明について質問するとき

つい言ってしまいがちな言葉

×

**ここ、ちょっとわからなかったんですが、どういう意味ですか？**

一般的な敬語

△

**恐れ入ります、一点質問させていただきたいのですが。**

一目置かれる伝え方



## 恐れ入ります。〇〇の件について、△△と理解いたしましたが、間違いないでしょうか？

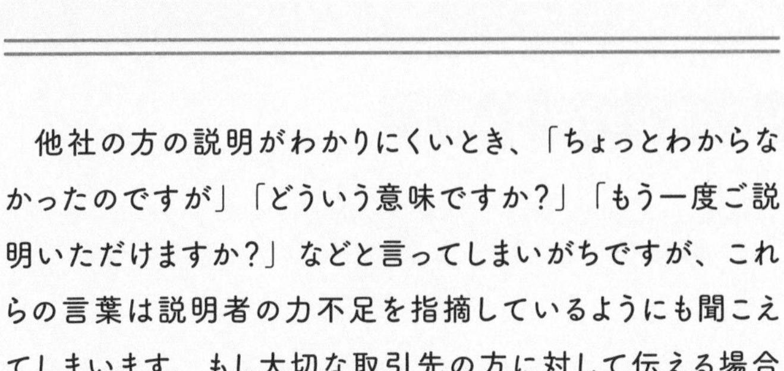

他社の方の説明がわかりにくいとき、「ちょっとわからなかったのですが」「どういう意味ですか？」「もう一度ご説明いただけますか？」などと言ってしまいがちですが、これらの言葉は説明者の力不足を指摘しているようにも聞こえてしまいます。もし大切な取引先の方に対して伝える場合は、少し柔らかく届くよう言い換えてみる必要があります。

打ち合わせや会議を友好的に進めたいときに使っていただきたいのが、「△△という私の理解は正しいでしょうか？」という言葉。こちらは自分の理解力に焦点を当てたニュアンスとなるので、「あなたの説明はわかりにくかった」という事実があったとしても、オブラートに包んで伝えることができます。

焦点を変えれば
柔らかく聞こえる！

# 3-5 会議のとき

# 先輩のプレゼンでわからないことがあり、補足説明をしてもらいたいとき

つい言ってしまいがちな言葉

×

**もう一度、わかりやすく言ってもらえませんか？**

一般的な敬語

△

**○○について、**
**もう少し詳しく教えていただけますか？**

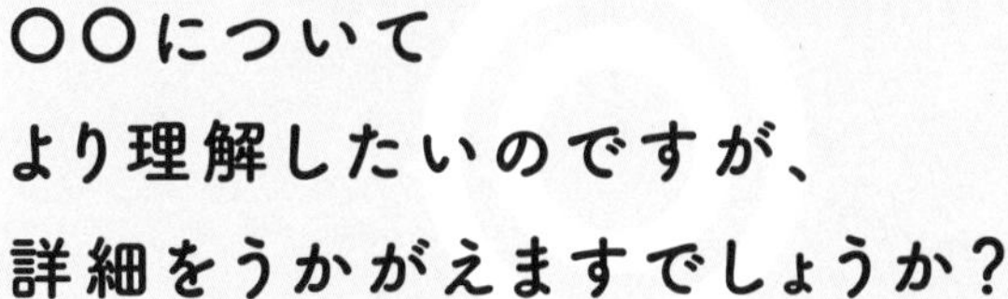

# ○○について より理解したいのですが、詳細をうかがえますでしょうか？

これは、言いにくいことを伝えるテクニックのひとつです。この場面では、明らかに理解できない、意味がつかめない部分を、もう一度別の言葉で説明してほしいというのが本音です。つまり「おっしゃっていることがわかりません」ということなのですが、「わからなかった」「理解できなかった」という言葉をストレートに言ってしまうのではなく、「より理解を深めたい」「詳細を知りたい」という前向きな姿勢に変換してみるのです。

すると、相手の受け取る印象が大きく変わり、気持ちよく説明してもらえるようになるはずです。

「もっと知りたい」
という姿勢で！

# 3-6 会議のとき

# 質問に答えてもらって理解できたとき

つい言ってしまいがちな言葉

**なるほどですね。** ×

一般的な敬語

**はい、わかりました。** △

デキる人の

## 一目置かれる伝え方



# よく理解できました。丁寧にご説明いただき、ありがとうございました。

「なるほど」は、相づちを打つときの言葉として多く使われますが、立場が上の人に使うのはマナー違反とされています。相手の方が敬意を感じなければ適切な敬語とは見なされないので、ビジネスの場では控えるのが無難でしょう。

さらに、「なるほどですね」は比較的新しい言葉遣いとなるため、年代によっては違和感を覚える方も少なくありません。

この「なるほど」は副詞であり感嘆詞でもあります。感嘆詞は通常、独立して使うものなので、「ですね」を付けるのは規範を外れます。正式な場では避けるよう心得てください。

ただし、相づちとして使う「なるほど」ではなく、自分自身に対してつぶやくような「なるほど……」は、相手の話に共感、感動し心の声が思わず漏れた、という印象となるため、好感度が下がる心配は少ないかもしれません。

若者言葉は
NG敬語と見なされる!

# 3-7 会議のとき

# 会議で上司や先輩に自分の意見を述べたいとき

つい言ってしまいがちな言葉

×

**ちょっと考えがあるんですけど。**

一般的な敬語

△

**一点、よろしいでしょうか。**

# 恐れ入ります、私の考えを申し上げてもよろしいでしょうか？

キャリアが浅い人にとって、上司や先輩を前に意見を述べるのはハードルが高い状況もありますね。そんなとき、謙虚さは表しつつも、しっかりと自分の考えを言う姿勢は大切ですし、評価に値するはずです。ぜひ、目上の方に対し失礼のない意見の述べ方を覚えましょう。

冒頭、「恐れ入ります」などのクッション言葉から入り、「申し上げてもよろしいでしょうか？」と疑問形にすることで、了解を得てから述べている、という体裁になります。

また、「わたし的には……」という表現を昨今しばしば耳にしますが、目上の方にとっては新語と捉えられ、ビジネスにはふさわしくない印象となりますので、「私といたしましては」などに置き換えるようにしましょう。

クッション言葉＋疑問形にし、
新語は使わない！

3-8 会議のとき

# 会議で賛否を求められて、賛成するとき

つい言ってしまいがちな言葉

✕

**個人的にはいいと思いますけど。**

一般的な敬語

△

**私も同じ意見です。**

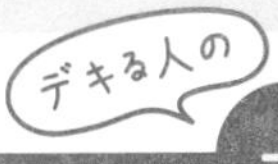


一目置かれる伝え方

# ○○の部分に共感いたしましたので、こちらの意見に賛成です。

会議や打ち合わせなどで、他の方の意見に対し賛否を問われた際の答え方です。異議のある場合は、どの部分が賛成できかねるかという理由や、自身の意見を言うのが常ですが、賛成の場合はどうでしょう?「賛成です」「私も同じ意見です」で済ませていませんか? これだけでは、しっかりとした自分の考えや意見を持たない、流されるまま、参画していない……などの印象を与えかねません。

その話し合いに積極的に参加していることや、自身の見解が伝わるよう、「○○の部分に大いに共感しましたので、ただいまの意見に賛成です」など、具体的にどの部分に共感して賛同したのかを端的に述べられるようにしたいものです。

賛成も反対も、自分の考えを添えるとデキるイメージがアップ!

3-9 会議のとき

# 会議中に体調が悪くなり、席を外したいとき

つい言ってしまいがちな言葉

**朝から調子悪くて、お手洗いに行ってきていいですか？**

一般的な敬語

**具合が悪いので、ちょっと出てよろしいでしょうか？**

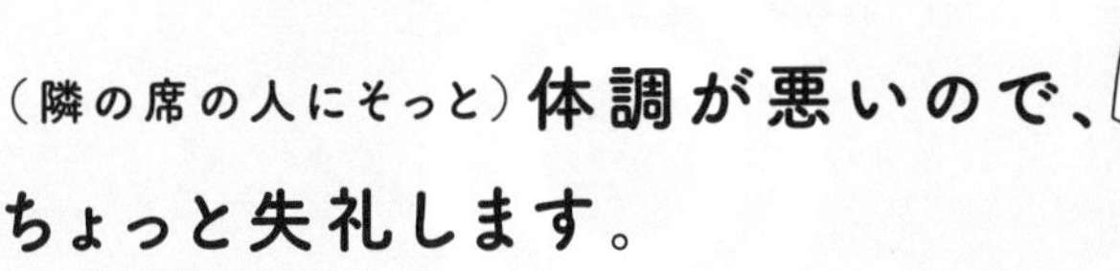

# （隣の席の人にそっと）体調が悪いので、ちょっと失礼します。

仕事中、特に打ち合わせや会議などの場面では、体調がすぐれない場合でも席を外しにくいもの。大切なクライアントとの席ではなおさらでしょう。悩むところですが、そのような場面では、我慢をするか、早めに席を外すかを決めるのはあなた自身です。

会議の参加者全体に向けて「ちょっと失礼します」と部屋を出ていくのは、会議自体の流れを止めてしまったり、多くの方の注目を受け、また、心配をかけますので、隣の人にそっと事情を告げ席を離れるようにします。もちろん、戻る際も会議の進行を止めずに目礼程度で静かに席に着きます。

難しい、そして心苦しい判断となりますが、無理をした結果、体調を崩して長期間休むことにならぬよう賢い判断を。

そっと伝えて、そっと戻る！

# 3-10 会議のとき

## 会議中にクライアントから携帯に電話があったとき

つい言ってしまいがちな言葉

×

**もしもし……（と無言で会議室を出る）。**

一般的な敬語

△

**（隣の席の人に）あ、電話なんで……（と言って会議室を出る）。**

## 一目置かれる伝え方

**（隣の席の人に）すみません、
お客様からなので
少々席を外します。**

会議中にかかってきた電話に出るのは、少々気が引けるものですね。どうしても取る必要がある際は、近くの方に急ぎの案件であることや、大切なクライアントからであることを簡単に伝えてから席を外します。

ただし、電話がかかってくることが予めわかっていたら、直属の上司などに「〇〇様から電話があるかもしれませんが、そのときは席を外してよろしいでしょうか？」とひと言伝えておくのが賢明です。いざ席を離れる際にも悪い印象を与えず、また、他の出席者に対しても、事情説明やあなたのフォローをしてもらえるかもしれません。

戻った際はその上司に軽く目礼なさって、速やかに席に着きます。

上司や隣の人を
味方につける！

Chapter

# 来客のとき

いらっしゃいませ
こちらで2、3分お待ちいただけますか？
3分後――
すみません山田がちょっと遅れておりまして
あと2、3分お待ちいただけますか？
3分後――
申し訳ありません
ペコ
あと2、3分……
申し訳ありませんあと……
エヘヘヘ
ここまで9分待ってるけど？
ちゃんと状況を確認してこいや!!

来客のとき

# 来客がアポイントを取っているか不明なとき

つい言ってしまいがちな言葉

✕

**アポ取ってますか？**

一般的な敬語

△

**アポイントはいただいておりますでしょうか？**

# 失礼ですが、何時のお約束をいただいておりますでしょうか？

お客様対応の際は「アポ」「アポイント」より「お約束」と伝えたほうが耳に優しい言葉になります。

では、「お約束はいただいておりますか？」といった聞き方はいかがでしょう？ こちらは丁寧で正しい敬語ではありますが、問いただされているように受け取られる可能性もあります。

そこで、お約束はいただいているという前提で、その時間をうかがうため、「何時のお約束をいただいていますか？」と尋ねるのが丁寧、且つ好印象です。

来客の予定については社内で共有しておくのが基本ですので、お約束をいただいていないときは、「ただいま確認いたしますので、少々お待ちいただけますか？」と伝え本人に連絡を取り、指示を仰ぎます。

約束の有無ではなく、
時間を聞くと好印象！

来客のとき

# 来社予定の人が訪ねてきたとき

つい言ってしまいがちな言葉

**○○さんですね。**

一般的な敬語

**○○様でございますね。**

一目置かれる伝え方

## ○○様でいらっしゃいますね。お待ち申し上げておりました。

お客様の会社名やお名前、誰と何時に約束があるかを確認できた際に伝えるべきは、「お待ち申し上げておりました」のひと言です。この言葉を聞くと、約束がきちんと伝わっていた、歓迎されている、とちょっと安心した気持ちになりますね。同時に「○時に△△とのお約束、承っております」も、双方の確認の意味で伝えたい言葉です。

ところで、お客様の会社名やお名前を復唱する際に言ってしまいがちなのが「○○様でございますね」という言葉遣い。目上の相手やお客様を敬う表現にするには、「○○様でいらっしゃいますね」にします。

歓迎の気持ちを言葉に乗せる!

# 4-3 来客のとき

# アポイントを取っている お客様が来社したものの、担当者が不在のとき

つい言ってしまいがちな言葉

×

**今、担当は外出中です。**

一般的な敬語

△

**ただいま担当者は席を外しておりまして……。**

## 一目置かれる伝え方



**大変申し訳ございません。担当の〇〇はただいま席を外しておりますので、状況を確認して参ります。恐れ入りますが、こちらにおかけになってお待ちいただけますでしょうか？**

　会議が長引いていたり、外出からの戻りが遅れたり、はたまた約束を忘れていた！　など、お客様がいらしたときに担当者が不在という事態も起こり得ます。担当者当人のミスにせよ、お客様に対しては自社の責任として謝罪をしなくてはなりませんので、このような場面では丁寧且つ、迅速な対応が求められます。

　もし、会議がまだ終わらない状況であったとしても、それをそのままお伝えしないほうが賢明です。自分との約束より会議を重んじている……という印象は避けたいもの。「ただいま、確認して参ります」と伝え、早急に本人や上司の指示を仰ぎましょう。

自社側のミスとして
お詫びすることが大切！

# 4-4 来客のとき

## お客様が来社し担当者を呼んでくるとき

つい言ってしまいがちな言葉

**では、呼んできますね。** ×

一般的な敬語

**すぐに呼んで参ります。** △

一目置かれる伝え方

## ただいま呼んで参りますので、少々お待ちいただけますか？

予め、来社の予定を把握していたお客様に対しては「確認いたします」「確認して参ります」は不要ですので、「お待ちしておりました。ただいま呼んで参ります」と担当者につなぎます。

そのとき、担当者が視界に入る場所にいたとしても、受付の場所から「○○さーん、お客様です」「△△様がいらっしゃいました！」と呼ぶのはNG。「少々お待ちくださいませ」と、一旦その場を離れて呼びに行くのが礼儀です。

なお、親切心からの「すぐに呼んで参ります」という言葉には注意が必要です。すぐに呼びに行きます、という意味であったとしても、お客様は、担当者がすぐに来る、と受け取るかもしれません。担当者が急な電話に出ていたり、トラブル対応で手が離せない可能性などがあることを考えると避けたほうが無難でしょう。

近くにいてもその場を離れて呼びに行く！

# 他社の人が訪ねてきて、別の社員に渡してほしいと書類を託されたとき

つい言ってしまいがちな言葉

**はい、渡しておきます。** ✕

一般的な敬語

**確かにいただきました。** △

一目置かれる伝え方

# ○○と同じ部署の△△と申しますが、確かにお預かりいたしました。

別の社員の代理として書類などを託された際は、責任の所在を明らかにすることが大切です。そのためには、まず「確かに私△△がお預かりいたしました」と、名乗ることを忘れずに。そのとき、「○○と同じ部署の」や「○○部の」と部署名もあわせてお伝えすると、相手の方に信頼と安心が伝わります。もちろん、相手から「恐れ入ります、お名前は……？」と尋ねられる前に自らお伝えすることが大切です！

また、非常に重要な書類などの預かりものの場合は、自身の名刺をお渡しすることで、さらに信頼が深まります。

信用、信頼、安心を与える名乗りを！

来客のとき

# 打ち合わせのために外部の人が来社したとき

つい言ってしまいがちな言葉

×

**来てもらってすみません。**

一般的な敬語

△

**お越しいただき、ありがとうございます。**

一目置かれる伝え方

## ご足労いただき恐れ入ります。

このようなとき、「お越しいただく」「おいでいただく」「いらしてくださる」などがよく使われますが、ビジネスや大人の社交のシチュエーションでは、「ご足労いただく」という言い回しも自然に使えるようにしたいもの。

「ご足労いただき感謝申し上げます」「恐縮ですが、明日またご足労いただいてよろしいでしょうか?」「たびたびご足労いただき恐れ入ります」など、使い慣れることが大切です。ぜひ、口に出して慣れておきましょう。

このように、学生ではほとんど使わないビジネス用語の引き出しを多く持つことができると、ボキャブラリーが豊富になり、仕事のできるビジネスパーソンという印象を与えます。

ちなみに、「忘れる」は「失念する」、「教えてください」は「ご教示ください」とするのも、改まったニュアンスが伝えられます。

学生が使わない
ビジネス用語を使いこなす!

# 4-7 来客のとき

# 雨の日に来客があったとき

つい言ってしまいがちな言葉

× **雨なのにすみません。**

一般的な敬語

△ **雨の中を、ありがとうございました。**

## お足元の悪い中、<br>ご足労いただき恐れ入ります。

こちらから来社を求めた日が雨や雪だった場合には、「お足元の悪い中、お呼び立ていたしまして恐れ入ります」などが適しています。

この「お足元の悪い中」というフレーズは、ビジネス以外のプライベートシーンでも雨や雪の際に使うことが多々ありますので、大人のマナーとして覚えておきましょう。

わざわざご来社いただいた方に対しては、「お寒い中」「お暑い中」など気温について、また、「早朝から」「夜分遅くに」など時間帯についての気遣いやねぎらい、感謝の気持ちを表したいもの。このようなちょっとした心遣いの言葉は、人とのコミュニケーションの上で非常に大切なことと心得てくださいね。

雨・雪の日には
「お足元の悪い中」を使う！

# 4-8 来客のとき

# 他の社員宛てに来社したお客様が、顔見知りだったとき

つい言ってしまいがちな言葉

×

**あ、どうも。**

一般的な敬語

△

**こんにちは、今日は○○のところですか？**

デキる人の
## 一目置かれる伝え方

# いらっしゃいませ。
# 〇〇がお世話になります。

顔見知りの相手にはついフランクに接してしまいがちですが、周囲に与える印象を考慮すると、親しい仲であってもある程度ビジネスライクな言葉遣いにしたいもの。

もちろん、多くの方がおっしゃる「いつもお世話になっております」という言葉でも結構ですが、これからは、「本日、〇〇がお世話になりますが、よろしくお願いいたします」や「今日はうちの〇〇がお世話になるそうで。ぜひよろしくお願いします」など、少々アレンジした言い方で伝えてみませんか？

ほんの少しの違いではありますが、言い慣れた、聞き慣れた言葉をアレンジする癖をつけておくと、相手に特別感を与えることができると同時に、あなたの語彙を増やすトレーニングにもなりますよ。

親しい相手でも、
くだけすぎず、定番をアレンジ！

# 来客を待たせるとき

**つい言ってしまいがちな言葉**

**そこに座って、もうちょっと待っててください。**

**一般的な敬語**

**こちらにおかけになってお待ちくださいませ。**

## 恐れ入ります。こちらにおかけになって、2～3分お待ちいただけますでしょうか？

お客様に待っていただく際はおおよその待ち時間を告げて、相手の了解を得るスタンスでお伝えしましょう。「少々お待ちください」と言われて延々と待たされ続けるのはストレスや不信感につながります。

もし「2～3分ほど」と言ったなら、遅くとも4～5分後には「恐れ入ります、この後参りますので……」や「申し訳ございません。あと1～2分お待ちいただけますでしょうか？」など、目安がわかるようお伝えしましょう。

また、短い時間であってもお客様にお待ちいただく場合は、椅子やソファをおすすめします。

P19でお伝えしましたが、「～してください」「～してくださいませ」は丁寧であっても命令形として受け取られますので、疑問形である「～していただけますか？」とお尋ねする形が適しています。

途中経過と椅子の心遣いを！

# 4-10 来客のとき

## 来客にお茶を出すとき

つい言ってしまいがちな言葉

×

**お茶、どうぞ。**

一般的な敬語

△

**粗茶でございますが。**

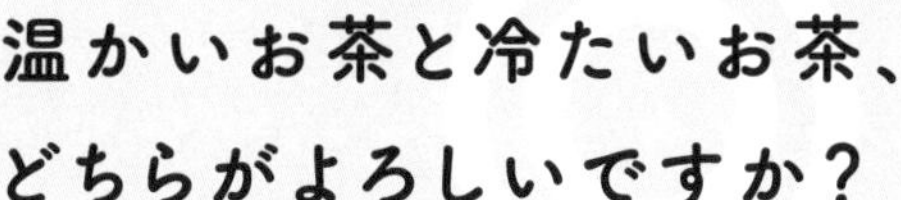

# 温かいお茶と冷たいお茶、どちらがよろしいですか？

会社によっては、季節に関係なく来客用に1種類の飲み物しか用意していないところもあるでしょう。あなたの職場で、もし、いくつかの種類から選べる場合は、その日の気温やお客様の好みに合わせてお出しするのが理想です。小さなことであってもおもてなしの心と敬意が伝わり、会社全体の印象もアップします。

謙遜を表現する「粗茶ですが」は、現在では適さなくなっているかもしれません。添える言葉は相手によって変えましょう。

お客様がご遠慮なさっているようでしたら、「温かいうちにどうぞ」や「本日はお暑いところ……氷がとけないうちに召し上がってください」などのお声がけもありがたいですね。

お好みの飲み物と
促す言葉でおもてなし！

# 4-11 来客のとき

# 同じ名字のどの社員を訪ねてきたのか確認するとき

つい言ってしまいがちな言葉

×

**佐藤はいっぱいいるんですけど、どの佐藤ですか？**

一般的な敬語

△

**佐藤の下の名前はわかりますか？**

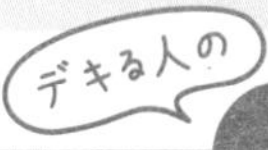


一目置かれる伝え方

# 佐藤は複数おりますが、部署や下の名前はご存じでしょうか？

社員であっても名前は個人情報でもあるので、自分から「佐藤○○ですか、それとも佐藤△△ですか？」と聞くのは避けたほうが無難です。「フルネームはご存じですか？」と尋ね、相手が答えたら「佐藤□□ですね。承知いたしました。確認して参ります」と言うのがベスト。もし下の名前が不明な際は、部署名をお聞きします。

なお、「男性の佐藤ですか、女性の佐藤ですか？」や「背の高い佐藤ですか？」「髪の長い佐藤ですか？」などビジュアル情報で確認したくなるところですが、今の時代、性別や容姿について言及するのはふさわしくない場合もありますので、意識しておきましょう。

自分からは
個人情報を出さない！

Chapter

# 上司との会話

ハンコください
違うでしょ
その前に言うことがあるでしょう
?
あぁ ココにハンコください
違う!!!
「書類をご確認ください」でしょ!!
ぷん ぷん
上司をただのハンコを押す人としか思ってないな
押しといて下さーい

5-1 上司との会話

# 上司から「ちょっと来て」と声をかけられたとき

つい言ってしまいがちな言葉

×

**あ、呼びました？**

一般的な敬語

△

**はい、ちょっと待ってください。**

# はい、ただいま参ります。

ビジネス上のマナーとしては、まずは上司の指示を優先することが基本の考えとなるため、呼ばれたらすぐに「はい」。続いて、「ただいま参ります」が模範的な答え方です。

とはいえ、急ぎの案件に追われているときや、なかなか手が離せない作業中はどうしたらよいでしょうか？ その際も必須の「はい」プラス「すみません、1分ほどお待ちいただけますか?」などお待たせする時間の目安を伝えるのを忘れずに。

よく言いがちな「今、ちょっと手が離せないので」「キリのいいところで……」では、何分後なのか上司には読めないので避けましょう。

第一声は「はい」が基本。
その後の言葉選びも大切！

5-2 上司との会話

# 上司に「明日までに書類を用意して」と言われたとき

つい言ってしまいがちな言葉

×

了解です。

一般的な敬語

△

かしこまりました。／承知しました。

デキる人の

一目置かれる伝え方

# 承知いたしました。明日の18時まででよろしいでしょうか？

「了解しました」は同僚や部下、後輩に使う言葉と昨今周知されていますので、上司に対しては「承知いたしました」「かしこまりました」が適切です。

ここでポイントになるのは、明日の締切時間。「明日」といっても、始業時間から終業時間まではかなりの幅があります。仕事を頼む側は、「明日までに」「今週中に」など漠然と指示しがちなのですが、朝一番と終業時間、もしくは、それ以降の残業時という認識の違いでは、双方に大きなズレが生じます。それにより作業スケジュールが大幅に変わることもありますので、上司が求めるタイムリミットは必ず確認し、その時間内できっちり提出する姿勢は、上司からの信頼にもつながります。

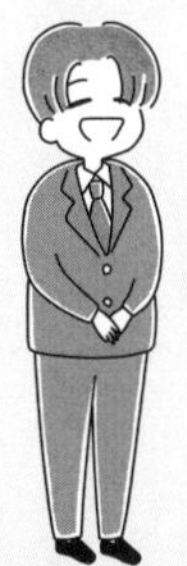

タイムリミットの認識を一致させる！

# 5-3 上司との会話

# 上司に承認印をもらいたいとき

つい言ってしまいがちな言葉

×

**ここにハンコください。**

一般的な敬語

△

**ここにご捺印をいただけますか？**

デキる人の
一目置かれる伝え方

# こちらをご確認いただき、問題なければご捺印をいただけますでしょうか？

日本における長年の判子文化も、徐々に廃止される傾向にある昨今。とはいえ、企業や部署によってはまだまだ捺印が必要な場合も少なくないでしょう。

捺印は、昔も今も責任が伴う大切な業務であることに変わりはありませんので、上司に依頼する際は「課長、ハンコください」などの頼み方はふさわしくありません。

「恐れ入りますが、こちらの書類にお目通しいただき、よろしければご捺印をお願いいたします」など、上司の確認と承認の証として捺印をいただきたい旨を伝えるのが正解です。

依頼→確認→承認、それから捺印！

5-4 上司との会話

# 上司から、お歳暮の送り先リストを至急作ってほしいと言われたとき

つい言ってしまいがちな言葉

×

じゃあ、これ片づけたらやりますね。

一般的な敬語

△

早めに取りかかります。

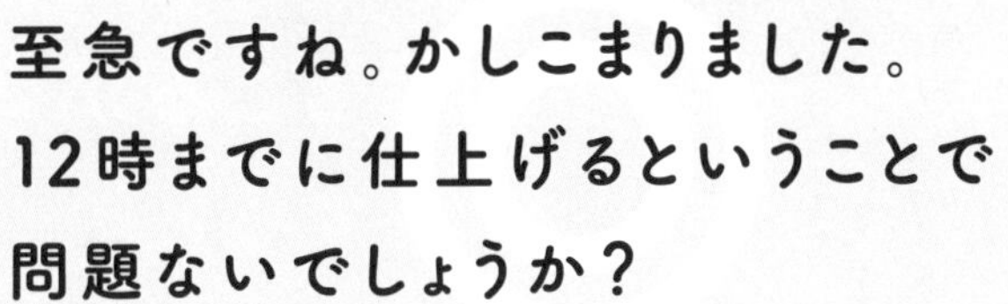

## 至急ですね。かしこまりました。12時までに仕上げるということで問題ないでしょうか？

「承知しました」、もしくは「かしこまりました」とお受けする際の問題は「至急」という言葉の認識の差。急ぎであることは伝わっていても、実はその期限については曖昧な会話になりがちです。「すぐに仕上げて30分以内に提出してほしい」というつもりで頼んだ側と、「今の作業を早めに切り上げ、30分後から取りかかるつもり」と思っている依頼された側とでは、かなりの時間差が生じてしまいます。

上司が提出してほしい時刻に触れなかった場合は、「何時までに仕上げればよろしいですか？」「今から作成しますと12時にはお持ちできるかと思いますが、問題ないでしょうか？」など、指示を受けた時点で提出すべき時刻に双方の認識にズレがないかをしっかり確認することが大切です。

「至急やる」よりも「リミットまでに提出する」が大事！

# 5-5 上司との会話

## プロジェクトの進行表を作成したものの、一部不安なところがあって上司に相談するとき

つい言ってしまいがちな言葉

×

**ここって、どうします？**

一般的な敬語

△

**こちら、どのようにしたらよろしいでしょうか？**

## A案とB案を作ってみたのですが、どちらのほうが適切でしょうか？

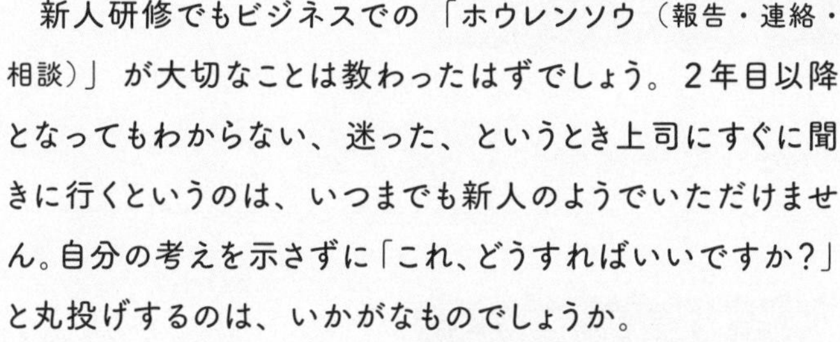

新人研修でもビジネスでの「ホウレンソウ（報告・連絡・相談）」が大切なことは教わったはずでしょう。２年目以降となってもわからない、迷った、というとき上司にすぐに聞きに行くというのは、いつまでも新人のようでいただけません。自分の考えを示さずに「これ、どうすればいいですか？」と丸投げするのは、いかがなものでしょうか。

相談をする前に、「この部分に不安があるので、私なりにAとBの２案を考えてみたのですが……」「私はこのように認識したのですが、この見解は正しいでしょうか？」など、必ず自身の考えを示す姿勢がほしいものです。

上司にゼロからゆだねるのではなく、ある程度のベースを作った上でアドバイスをもらう、というスタンスで相談することが大切です。

ノープランはNG！ 自分の考えをまとめてから上司のところへ！

# 5-6 上司との会話

# 外出中に電話があったら、携帯に連絡をしてほしい旨を先輩に伝えるとき

つい言ってしまいがちな言葉

×

**何かあったら携帯にもらえます？**

一般的な敬語

△

**もし電話がありましたら、私の携帯電話に連絡をいただけますか？**

一目置かれる伝え方

# 17時に帰社予定ですが、もし急ぎの用件が入りましたら、お手数ですが携帯に連絡をいただけますか？

「何かあったら」。これはよく使われる表現ですが、実は頼まれた相手によっては曖昧な言葉でもあります。すべての電話について携帯へ連絡すべきなのか、急ぎの用件の場合だけ知らせればよいのか、人によって判断は異なることを予想しなければなりません。「私宛てに電話が入りましたら」、もしくは「急ぎの用件の際は」など明確に伝えておきましょう。

その際、帰社予定の時刻もあわせて知らせておけますと、かかってきた電話の相手にもその旨を説明できますし、また、頼まれた側もその後の対応の判断がしやすくなりますね。

どこまで依頼するか、
線引きを曖昧にしない！

上司との会話

# 上司から仕事の進め方について レクチャーを受けたとき

つい言ってしまいがちな言葉

×

**参考になります。**

一般的な敬語

△

**大変勉強になりました。**

# ○○の点は気づきませんでした。大変学びになりました。

上司の話を聞いた際、「参考になります」「本日のお話、大変参考になりました」と伝えたことはありませんか？

感謝と敬意を表しているであろうこの「参考」という言葉ですが……、実は、「自分の考えの足しにする」「自分の考えをまとめる際の判断材料のひとつに加える」という意味合いとなるため、目上の方には失礼にあたることも。では、どのような言葉を選んだらよいでしょうか？

無難なのは「勉強になりました」ですが、定型句、常套句と受け取られる可能性があり、単なる挨拶言葉という印象を与えてしまいがちです。どの部分がどう勉強になったか、を具体的にお伝えすることが必要でしょう。

「○○はこれまで気づきませんでした」「今日は○○を学ばせていただきました」「○○のお話は目から鱗(うろこ)です」など、相手の心に残す言葉を工夫してみてくださいね。

常套句ではなく、具体的な言葉で敬意を表現する！

上司との会話

# 上司との会話で、「～ということだね」と確認され相づちを打つとき

つい言ってしまいがちな言葉

×

**その通りです。**

一般的な敬語

△

**おっしゃる通りです。**

## ご理解いただいている通りです。

「おっしゃる通りです」はよく使われる言い回しではありますが、相手によっては上から目線という印象を持たれる場合もあり、抵抗感のある言葉遣いになるかもしれません。また、「おっしゃる通りです」という言葉を相づちとして頻繁に使われる方も多く、少々耳障りに感じるのも事実です。

敬意表現に慣れないうちは、同じ言葉ばかり使いワンパターンになりがちですが、それに代わるものとして、「はい、そのようにご理解いただければ」「そちらで問題ございません」「ご理解いただいている通りです」など、ちょっと角度を変えた言い回しをいくつか知っていると、語彙の乏しい人という印象が避けられます。

「おっしゃる通りです」の
連呼は耳障り!

上司との会話

# 自分のチームの会議に同席してもらうため、上司の都合を聞くとき

つい言ってしまいがちな言葉

×

**いつなら大丈夫ですか？**

一般的な敬語

△

**ご都合のよい日を教えていただけますか？**

デキる人の

一目置かれる伝え方

## ご都合のよい日を2～3挙げていただけると助かりますが。

相手の都合を聞くときは、できるだけ複数の日程をもらえるとその後の調整がしやすいので、その旨をしっかり伝え、多めの回答を提示していただきたいものです。

その際「いくつかいただけますか?」「複数いただけますと幸いです」と伝えることもあるかと思います。しかし、数については人それぞれの感覚の相違があり、意外と曖昧な言葉でもあります。

「3つ～4つほどいただけますでしょうか?」「4～5日お教えいただけますとありがたいのですが……」など具体的な数字を示すことで、相手の方が受け取る数とのズレがなくなりますので、その後の調整もしやすくなるでしょう。

候補日はいくつ欲しいかを伝える!

# 5-10 上司との会話

## 体調不良で休んでいた先輩が、数日ぶりに出社したとき

つい言ってしまいがちな言葉

×

**もういいんですか？**

一般的な敬語

△

**具合はいかがですか？**

デキる人の

一目置かれる伝え方

## お加減はいかがですか？
## お手伝いできることがあれば、
## おっしゃってください。

体調については、親しい間柄でもどう触れていいのか迷うところです。事情を知っている際には、まったく触れないのも不自然ではありますし、かといってストレートに聞くのも躊躇（ちゅうちょ）してしまいますね。相手が上司や先輩の場合はなおさらでしょう。

体調のようなセンシティブな話題については、あえて曖昧になさることも大切ですので、この場合は「お加減はいかがですか？」などが適切で丁寧な聞き方となります。回復後、何日か経っていたら、「その後いかがですか？」でもよいでしょう。プラスアルファとして、「お手伝いできることがあれば、おっしゃってください」というひと言があると、より案じている気持ちが伝わります。

なお、相手の体調についての会話は、できるだけ周囲に聞こえないよう配慮することも必要です。

体調に関することは、
曖昧な聞き方のほうがいい！

Chapter

# 上司に
# 言いにくいこと

申し訳ありません！遅刻しました！
バンッ
どうして遅刻したの？
ハァ ハァ
んもうっ
電車が遅れまして……あ、駅に着くのもいつもより遅れまして……
で、家を出るのも遅れまして……
チラッ
って寝坊でしょうが!!
電車にも謝れぇ
エヘ♥

# 6-1 上司に言いにくいこと

# 上司から、帰り際に大量の仕事を頼まれたとき

つい言ってしまいがちな言葉

×

**無理です。／できません。**

一般的な敬語

△

**約束があるため本日はいたしかねます。**

## 一目置かれる伝え方

# 申し訳ございません、本日は所用があるのですが、明日の午前でしたら作業できます。

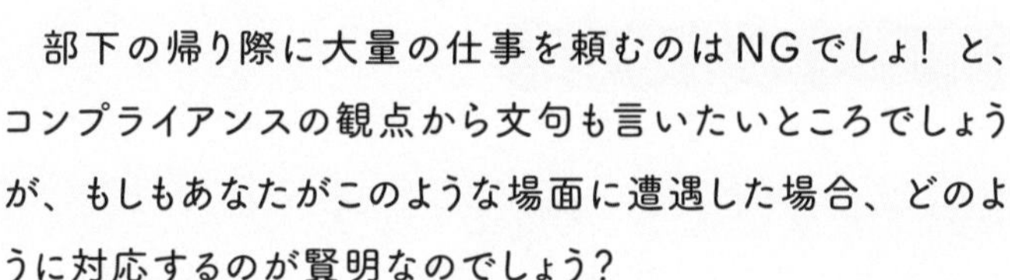

部下の帰り際に大量の仕事を頼むのはNGでしょ！ と、コンプライアンスの観点から文句も言いたいところでしょうが、もしもあなたがこのような場面に遭遇した場合、どのように対応するのが賢明なのでしょう？

無理難題を押し付けられた際、「無理です」「できません」とストレートに言ってしまうと、反抗の意や突き放した印象となり、良好な関係性を保てなくなる場合も。

そこで、「所用」もしくは簡単な理由を添えて、「この後の時間は難しいのですが……」など、柔らかく聞こえる印象の言葉を選ぶことが大切です。その上で、「明日の朝一番でしたら対応させていただけますが」と、代替案まで付け足すのがポイント。今日は無理だが何とか力になりたい、という誠意ややる気を伝えることが大切です。

代替案を出して、
やる気は見せる！

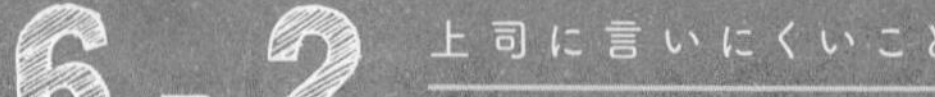

6-2 上司に言いにくいこと

# 経験のない仕事のリーダーとしてチームを引っ張ってほしいと上司から言われたとき

つい言ってしまいがちな言葉

×

**やったことないんで、どうでしょう……。**

一般的な敬語

△

**不安ですが、がんばります。**

確実に失敗しますけど、それでもいいっすか？

ダメでしょ！

一目置かれる伝え方

## 経験不足で不慣れですが、ぜひやらせていただきます。ご指導お願いいたします。

自分に務まるかどうか、自信の持てない仕事を頼まれたとき、断るほうの選択を繰り返していては、あなたの誠意や熱意に対する評価にも、また、自身の成長にもつながりません。

せっかく与えられたチャンスを活かすためにも、経験がないこと、不慣れなことを伝えつつ、アドバイスをいただきながら精一杯取り組んでいきたい姿勢を見せたいものですね。協力者や味方を増やすことも、ビジネスにおいては大切なことです。

「不安ですが……」というネガティブな言葉よりもむしろ、「経験不足ではありますが」「不慣れではあるのですが」などの事実とともに、「尽力します」という意気込みを感じさせる言葉もぜひ伝えたいものです。

経験のない仕事は、
味方を増やすチャンス！

# 6-3 上司に言いにくいこと

# 自分のミスを上司にフォローしてもらったとき

つい言ってしまいがちな言葉

**面倒かけちゃって、すみませんでした。**

一般的な敬語

**お手数をおかけしまして、申し訳ありませんでした。**

## 〇〇さんがフォローしてくださり救われました。今後はご迷惑をおかけしないよう努めます。

「お手数をおかけしまして、申し訳ありませんでした」は、比較的汎用性の高い言い回しです。ビジネスにおける定型句として流布しているので、謝罪の意をしっかり伝えたい場面ではやや物足りず、また、軽い印象を与えてしまいます。

こういうときに語彙が豊富で言葉を選べると、相手に真意が伝わり、上司との関係性も良好になるでしょう。

「救われました」は、助けてもらった相手への感謝やお礼の気持ちを強調でき、また恩義も感じられる言葉です。上司や先輩に仕事上のミスをかばってもらったときなどに使ってみてはいかがでしょうか。

微妙な温度差のある
言い回しを使いこなす!

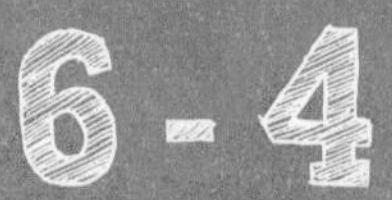
上司に言いにくいこと

# 朝、事故で電車が遅れ、会社に遅刻してしまったとき

つい言ってしまいがちな言葉

×

**電車が遅れちゃって……。**

一般的な敬語

△

**申し訳ありません。**
**電車が遅れて、遅刻してしまいました。**

# 遅れまして申し訳ございませんでした。ご迷惑をおかけいたしました。

　仕事場に到着し、開口一番「電車が遅れて……」と理由を言ってしまいがちですが、真っ先に伝えるべきことは「遅れまして申し訳ございませんでした」といったお詫びです。交通機関の事故や想定外のハプニングが自身の責任ではないにせよ、始業時間に遅れたこと、相手を待たせたことには相違ありません。

　電車の遅延は、昨今では日常茶飯事であり、社会人としてはそれを見越して余裕を持った行動が必要なのは言うまでもないでしょう。ましてや大切なミーティングや他社訪問の際は、より神経質になってもよいはずです。

　また、遅刻が予想される時点で早めに一報入れておくのがビジネス上のマナーとなりますので、ギリギリ間に合うかもしれない……という場合でも、その旨事前連絡しておくべきです。

まずはお詫び。
理由はそのあと！

上司に言いにくいこと

# 朝起きたら体調が悪く、発熱があったので休みたいとき

つい言ってしまいがちな言葉

風邪をひいたので、お休みします。

一般的な敬語

38度の熱がありまして、
本日は休みをいただけますか？

## 体調が悪く、休みをいただけますか？　本日、特に急ぎの案件はございません。

休みを取りたい旨の連絡は管理職、直属の上司に入れることがほとんどかと思いますので、この場合は「休みをいただけますか？」と謙譲語を使うのが自然です。

休暇は権利でもあるので、必要以上に負い目を感じなくてもよいのですが、休んだことで仕事に支障をきたしたり、周囲に負担や迷惑をかけたりすることは最小限に留めたいもの。特に当日、急きょ休みの連絡を入れる際には、その日に処理すべき案件の有無は必ず伝えておきます。もし急ぎや重要な案件がある場合には、相手が聞き間違えないようメール等で詳細を知らせることが大切です。

また、自身が休む場合は、「休み」「休暇」「有休」などと言い、「お休み」とは表現しません。

代わってもらう業務の有無を正確に伝えて休む！

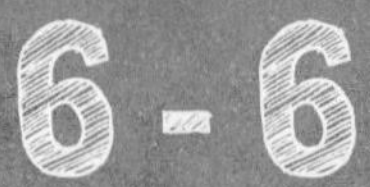

上司に言いにくいこと

# 翌週から有給休暇を取りたいとき

つい言ってしまいがちな言葉

×

**来週、休みたいんですけど……。**

一般的な敬語

△

**来週月曜日から3日間休みたいのですが、よろしいでしょうか？**

## 一目置かれる伝え方

**来週月曜日から3日間休暇を取りたいので、許可をいただけますか？　先日の研修レポートは今週の金曜日までに提出いたします。**

休暇を取ること自体は権利とはいえ、日程や日数については携わっている案件、プロジェクトなどの進行状況により判断する必要がありますので、上司やチームリーダーには、「許可をいただけますか？」と、尋ねる形の表現が適しています。

また、「○月○日から3日間」など、休暇申請の打診をする際は、その前日までに完了すべきことのスケジュールや見通しもしっかり把握してから上司に相談したいもの。

休暇中の援助や協力についてはお互いさまではありますが、周りの方にかかる負担をできるだけ抑え、最小限の手助けに留める意向を伝え、気持ちよく承諾いただけるようにしましょう。

休暇を申請する前に、
やるべきことをやっておく！

# 6-7 上司に言いにくいこと

# 打ち合わせが長引き、就業時間を超えてしまったので直帰したい旨を上司に伝えるとき

つい言ってしまいがちな言葉

×

**もう遅いんで直帰します。**

一般的な敬語

△

**本日は社に戻らずに、**
**直帰してもよろしいでしょうか？**

デキる人の
一目置かれる伝え方

## 本日の議事録は、明日の午前に作成いたしますので、このまま帰宅してもよろしいでしょうか？

「直帰」という言葉は一般的にも使われてはいますが、上司に対しては「このまま帰宅してもよろしいでしょうか？」といった言葉を選びましょう。

　また、社内での情報共有のため、会議や打ち合わせの議事録作成が必要なことも少なくないでしょう。直帰したい旨を連絡する際は、この後やるべき業務に対し、いつ取りかかれるか、いつまでに仕上げられるかもあわせて見通しを伝えるのがポイント。上司から「議事録はいつ提出できる？」と聞かれる前に申し出ることが大切です。

直帰連絡は、
翌日にすべきことともに！

上司に言いにくいこと

# 上司に相談事があるとき

つい言ってしまいがちな言葉

✕

**相談っていうか、ちょっとお話が……。**

一般的な敬語

△

**ご相談があるのですが、ちょっとよろしいですか？**

# ○○の件について、ご相談したいことがあるのですが、お時間をいただくことはできますか？

上司の意見を聞きたいときや判断をゆだねたいとき、また改まった相談事がある際は、今聞くべきか、後ほどゆっくり時間を取るべきか、上司が判断しやすいようおおよその内容、もしくはある程度の所要時間を伝える必要があります。

ただし、話の展開によっては予定時間を大幅に超過することも。「5分ほど」や「10分か20分」といった、と空けていただきたい時間が見えない場合もあります。その際は、「○○の件で」や「今後の○○の進め方について」など相談の概要に触れましょう。上司もある程度時間の目途が立ち、この場で聞いてあげるべきなのか、後ほど場所を変えてじっくり話すべきことなのか、返答しやすくなります。

「何の件？」と尋ねられる前に、自ら伝えられるようにしたいものです。

**時間の目安、もしくは、概要とともに相談の依頼を！**

上司に言いにくいこと

# 上司から終業後の食事に誘われたものの、予定があって行けないとき

## つい言ってしまいがちな言葉

×

**今日は無理です。**

## 一般的な敬語

△

**あいにく、この後は所用がありまして……。**

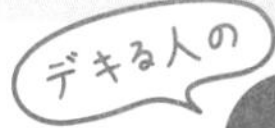


一目置かれる伝え方

## 残念ながら今日は所用があるのですが、次の機会にお声がけいただけるとうれしいです。

上司や先輩であれ、終業後や休日のお付き合いはしたくないと考える人も少なくないでしょう。また、この先輩とはちょっと……、あの上司とは無理……ということもありますね。そのような場合は、「あいにく、この後は所用がありまして」とだけお伝えします。

では、ご一緒してもいいけれど、その日の都合が悪い、という場合は？ そのようなときは、「また次の機会にお声がけいただけるとうれしいです」「ぜひまた誘ってください」など、次回につながる言葉をプラスしてください。

「あいにく、〜」のみの場合は「そういう付き合いが嫌いなんだな」と匂わせることができますし、「また〜」は「今回はたまたま都合が悪かったようなので、次回誘おう」と思ってもらえます。状況により、上手に使い分けましょう。

次回は有りか無しかを匂わせて断る！

# 6-10 上司に言いにくいこと

# 上司との会話中、経理から至急の用件で呼び出されたとき

つい言ってしまいがちな言葉

×

**ちょっと呼び出されちゃったんで……。**

一般的な敬語

△

**経理から呼ばれたので、行ってきます。**

デキる人の

一目置かれる伝え方

# 経理から呼ばれまして、どれくらい時間がかかるかわからないのですが、向かってもよろしいでしょうか？

経理など他部署から至急で呼び出された場合は、ある程度優先すべきかもしれません。ただし、直属の上司には、「呼び出されたのでちょっと行ってきます」とだけ言うより、「向かってもよろしいでしょうか？」など、一旦おうかがいを立てる形の言い回しがベターです。その際は、上司に事情を説明すると同時に、所要時間が不明であることも伝えます。

経理から戻ったら、離席したことをお詫びしつつ、「〇〇の件が不明だったようで、詳細を説明し、承諾していただけました」など、呼び出された内容とその結果について大まかに報告することも忘れずに。

上司の許可を得るスタンスで、
経理へダッシュ！

# 6-11 上司に言いにくいこと

# 自分のミスの反省の意を伝えるとき

つい言ってしまいがちな言葉

✕

すみませんでした。
これからはちゃんと気をつけます。

一般的な敬語

△

このたびは申し訳ありませんでした。
今後は、十分に注意して参ります。

## 一目置かれる伝え方



# このたびは申し訳ありませんでした。私の○○不足だと認識しておりますので、今後は十分留意して取り組むようにいたします。

謝罪の言葉は、誰でもすぐに思いつく常套句ほど、相手に誠意が伝わりにくく、反省の意が薄れてしまう嫌いがあります。

「これからは気をつけます」「二度とこういうことが起こらないよう注意いたします」といった一般的な文言だけでなく、「ご迷惑をおかけしてしまった件、誠実に対処します」「今後は十分留意して取り組みます」「これからは気を引き締めて参ります」など語彙を増やし、状況に合った言い回しを選びましょう。

真摯にお詫びの気持ちを表すには、誰もがすぐに思いつくものではなく、自分なりの言葉を選び、ミスの原因になった反省の気持ちをできるだけ具体的に伝えられるようにしたいものです。

謝罪＋原因分析＋改善策
＝相手に届く反省！

Chapter

# クライアントとのコミュニケーション

○○と申します
この度はお世話になります
あ、失礼しました!!
こっちです
猫カフェ…
あれ？自分のがない!!
あわ
あわ
事前に確認しとけってば!!

# 7-1 クライアントとのコミュニケーション

# クライアントに、上司を紹介するとき

つい言ってしまいがちな言葉

**○○様、こちら、△△部長です。**

一般的な敬語

**部長、こちらが○○様です。**

デキる人の
一目置かれる伝え方

# ○○様、
# 部長の△△でございます。

人を紹介する場面で、まず覚えておかなければいけないのは、紹介する順序のルールです。

その場で一番立場が上の方や目上の方に対して立場が下の人を紹介する、というのが基本となります。つまり、立場が上の人にもっとも早く情報をお知らせする、ということです。

ビジネスでは、初めにクライアントに自社の社員を紹介することになりますね。ですから最初に「部長、こちらが□□社の○○様です」はマナー違反となりますのでご注意ください。

他社の方の前では、課長や部長は自身の上司であっても、身内という扱いになりますので、「△△です」「△△でございます」と「さん」などは付けずに紹介します。

また、「課長」「部長」はもちろん、「常務」「社長」などは敬意を表す敬称ですので、「弊社の△△部長です」はNG。「部長の△△でございます」が正解です。

クライアントに身内の人間を
紹介するのが先！

# 7-2 クライアントとのコミュニケーション

# 上司へ、クライアントの方にお世話になっていることを伝えるとき

つい言ってしまいがちな言葉

✕

**課長、こちら○○さんです。**

一般的な敬語

△

**課長、こちら今回お世話になっている○○様です。**

## 一目置かれる伝え方



**課長、こちら○○様でいらっしゃいます。○○様には今回、△△の企画でお力添えいただいており、大変お世話になっております。**

「お世話になっております」という言い回しは、定番としてあまりにも使われすぎているため、単なる紹介のセリフというイメージで、特に好印象を残せるものでもありません。お取引先の企業のすべての方のご紹介時に適用できるため、特別感も伝えられません。

できれば、「今回の△△の案件で」や、「特に企画書作成の部分でお世話になっている」など、具体的にご尽力いただいていることについても言及したいものです。

その際、「ご協力いただいている」ですと、やや対等なニュアンスとなるので、「お力添え」や「ご尽力」という言葉を選んだほうが適切でしょう。

さらに、そのおかげで進行がスムーズになった、売り上げが伸びたなど、どのような結果になったかも伝えられると、なお響きますね。

「特別感」のある言い回しで
印象的に！

## 7-3 クライアントとのコミュニケーション

# 打ち合わせに訪問した先で、以前お世話になった担当者にたまたま会ったとき

つい言ってしまいがちな言葉

×

**その節はどうも。**

一般的な敬語

△

**その節は、たいへんお世話になりました。**

あ〜っ！
（誰だっけ？）

死ぬ気で
思い出せ！

デキる人の

## 一目置かれる伝え方

### その節はたいへんお世話になりました。おかげさまでその後も順調に進めることができています。

予期せぬ場面で、以前お取り引きがあった方に遭遇した際、とっさに出る言葉が、「その節はどうも」という方も多いのでは？ この「どうも」はお礼や感謝を意図しているのでしょうが、そのあとに「ありがとうございました」や「お世話になりました」を続けなければ、大人の言葉遣いとしては成り立ちません。

同様に、「こんにちは」の代わりに「あ、どうも」で済ませる人も少なくないようです。この意味のないことばが癖になっている方は要注意です。

また、以前お世話になった方にはそのときのお礼はもちろん、その後の進捗状況を付け加えられるとなおよいでしょう。それ以来、関連する件で報告するべきことがない場合は、「またぜひご一緒させていただければ」など、今後に関しての希望をプラスしても。

「その節」以降についての話もプラスする！

# 7-4 クライアントとのコミュニケーション

# クライアントが来社したのに、上司がなかなかその場に現れないとき

つい言ってしまいがちな言葉

×

**どうしたんですかね、遅いですね。**

一般的な敬語

△

**様子を見て参りますので、少々お待ちください。**

一目置かれる伝え方



# ○○が遅れているようで、申し訳ございません。お時間は大丈夫でしょうか？　ただいま確認して参りますので、1～2分よろしいでしょうか？

アポイントを取って来社してくださったお客様を待たせてしまう、というのは何とも心苦しいもの。お気を悪くなさるかもしれない、と焦る場面でもあります。

この場合、お客様にそれ以上の不信感を抱かせないことが大切です。お客様から見て上司の身内であるあなたの対応で印象や感情も大きく左右されますので、誠意をもって対応するように心がけます。

まずは、上司が時間に遅れている、現れない事実について謝罪の言葉を伝えるのは必須です。「どうしたんでしょう?」「存じているはずなんですが……」など、一緒に悩んでいても解決しませんので、至急確認することを伝え、お時間を取ってしまうお詫びと許可をいただき、真摯にスピーディーに対応しましょう。

身内としてのお詫びと、それ以上不安にさせない誠実な対応を！

クライアントとのコミュニケーション

# 名刺交換をするとき

つい言ってしまいがちな言葉

×

**あ、どうも。**

一般的な敬語

△

**ありがとうございます。**

## 頂戴します。
## ○○様でいらっしゃいますね。

名刺は「頂戴します」や、「恐れ入ります」「ありがとうございます」と言いながら受け取るのが一般的。このときも「あ、どうも」や無言で受けるのはNGです。

「○○様でいらっしゃいますね」と名前を復唱すると、友好的な印象も与えられ、また読み方の確認もできます。

もし、「○○です」とおっしゃった名前がよく聞こえなかったり、読みにくかったりした場合は、「○○様とお読みしてよろしいでしょうか？」「恐れ入ります、もう一度、なんとお読みするのでしょうか？」と、その場で確認することが大切です。あとになればなるほど、聞きづらくなりますので！

いただいた名刺はすぐに名刺入れにしまわず、名刺入れの上に載せてテーブルに置くのが基本のマナー。複数の方と名刺交換をした場合は、立場が一番上の方の名刺を名刺入れの上に載せ、座られた席と同じ順番で並べます。

お名前を復唱し、
覚える気を表す！

7-6 クライアントとのコミュニケーション

# クライアントと、次回の打ち合わせ日程をすり合わせるとき

つい言ってしまいがちな言葉

× 次はいつにしますか？

一般的な敬語

△ 次回はいつがよろしいでしょうか？

## 次回の打ち合わせ日程を決めさせていただきたいのですが、ご都合のよい日はございますか？

メールでの日程調整は、何回か往復が必要となる場合も少なくないでしょう。できるだけ顔を合わせている間に行ったほうがスムーズですので、「今、決めさせていただきたい」旨を伝えます。

日程調整を申し出る側としては、「こちらはいつでも合わせますよ」というスタンスで「ご希望の日時をお知らせください」とお伝えするほうが丁寧かと考えがちですが、指定された日時がすべてNGだった場合はかえって失礼にあたります。ときには、いくつか自身の空いている日時を先に伝えることも必要です。

その際は、「こちらの希望から申し上げて大変恐縮ですが」「失礼ながら、こちらの日程を先に申し上げますと……」などと前置きした上で、希望日（あるいはNG日）を伝え、そこから選んでいただけるかをお尋ねします。

日程調整は
その場で決めるのがスムーズ！

7-7 クライアントとのコミュニケーション

# 他社での打ち合わせ後、外出する担当者とまた会ってしまったとき

つい言ってしまいがちな言葉

**あ、お帰りですか？**

一般的な敬語

**駅までご一緒しましょうか……。**

一目置かれる伝え方

**先ほどはありがとうございました。お急ぎでしたらお先にどうぞ。**

---

丁寧に挨拶をして別れた後、ばったり会ってしまうのは、何とも気まずいものです。気づかないふりをするのも心遣いのひとつですが、それができるとも限りません。

この場合、まずは、「先ほどはありがとうございました」とお礼を告げるのをお忘れなく。なお、「お帰りですか?」は少々失礼にあたりますので、「お出かけでいらっしゃいますか?」など、あえて漠然とした聞き方をします。

違う帰り道を選べるのでしたら、「では、こちらで失礼いたします。引き続きよろしくお願いします」とさっと立ち去るのがスマートです。どうしても同じ道しかない場合は「私、社に1本電話を入れなければなりませんので、どうぞお先に。ありがとうございました」と別れても、お互いに気をつかわずに済みますね。

---

ひと言言って、
さっと立ち去るのがベスト!

クライアントとのコミュニケーション

# プロジェクトが無事に終わって、クライアントと別れるとき

つい言ってしまいがちな言葉

×

**今回はありがとうございました。**

一般的な敬語

△

**また機会がありましたら。楽しみにしております。**

# また今後のプロジェクトでもご一緒できると幸いです。

ビジネスが一段落となった際や、プロジェクトが一旦終了したとき、感謝の言葉とともに伝えたいのが、「また機会がありましたら……」など、今後につなげる言葉です。

ただし、プライベートシーンでのお別れ時や、メールなどの最後にもよく使われる「またお会いできるのを楽しみにしております」では、ビジネスシーンにふさわしいとは言えません。

「またご一緒させていただけますと光栄です」「今後も何かの機会にお力添えいただければと存じます」「再度このような案件がありました際は、ぜひお声がけいただけましたら」など、自身の言葉で伝えられるよう語彙を増やしておきましょう。

「今後もぜひ」という気持ちを言葉に乗せよう！

7-9 クライアントとのコミュニケーション

# 自社の提案内容を取引先に確認してもらいたいとき

つい言ってしまいがちな言葉

✕

**とりあえず、これでいいかどうか考えてもらえませんか？**

一般的な敬語

△

**お忙しいと思いますが、この件をご検討いただけないでしょうか？**

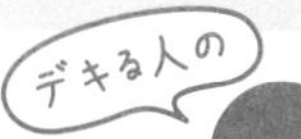


## 一目置かれる伝え方

# この内容で提案させていただきたいので、修正点等がございましたら、何なりとお申し付けください。

自社で作成した書類について取引先に確認や検討をお願いしたり、ご意見をいただきたい場合は、「ご確認ください」や「ご検討ください」だけでなく、「修正点等がございましたらお知らせください」と加えることにより、明確に意図が伝わり、具体的な回答をもらうことができます。

また、その際は「お忙しいところ恐縮ですが」と添えて、「○月○日正午までにご回答をいただけますと幸いです」など期日を明記してお願いすると、後回しにされたり、失念されたりしにくいでしょう。

やはりビジネスでは日程や期日確認が非常に大切です。

チェックいただく内容と
回答期日を明確に知らせる!

# 7-10 クライアントとのコミュニケーション

## 前回渡しておいた資料を、見てくれたかどうか確認するとき

つい言ってしまいがちな言葉

×

**渡した資料、拝見いただけましたか？**

一般的な敬語

△

**お渡しした資料、ご覧いただけましたでしょうか？**

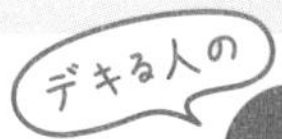


一目置かれる伝え方

## お忙しいことと存じますが、お渡しした資料にお目通しいただけましたでしょうか？

語彙を増やす意味でも、一般的な「ご覧いただく」「ご確認いただく」の他に「お目通しいただく」という表現も使えるようにしておきましょう。

さて、社会人1年生などに多く見られる誤った敬語はいくつかありますが、こちらのシチュエーションでもミスを犯しがちです。それは、「恐れ入りますが、もうすでに拝見されていますでしょうか？」という言い回しです。「拝見」は謙譲語ですので、相手の行動に対して使うのは大きな間違い。「拝見なさってください」「拝見していただけますか？」などの勘違い敬語は、会社のレベルまでも下げてしまいかねません。十分注意したいところです。

正しい敬語でバリエーションを増やそう！

7-11 クライアントとのコミュニケーション

# 企画内容について質問し、説明してくれたとき

つい言ってしまいがちな言葉

✕

**なるほどですね。**

一般的な敬語

△

**ありがとうございます。よくわかりました。**

## 詳細まで丁寧にご説明いただき、ありがとうございます。十分理解できました。

「なるほど」はP81でもご説明したように、避けたほうがよい言葉であり、加えて、それに「ですね」を付けるのはなおさら好ましくありません。

また、ビジネスシーンでは「よくわかりました」という言い方より、「十分理解できました」「かしこまりました」「承知いたしました」などが適切でしょう。そして、「丁寧にご説明いただき」や「おかげさまで」など、ありがたいという気持ちもプラスすることで、より相手の方に感謝の思いを感じていただける表現となります。

新語は控え、
ビジネスにふさわしい言葉で！

Chapter

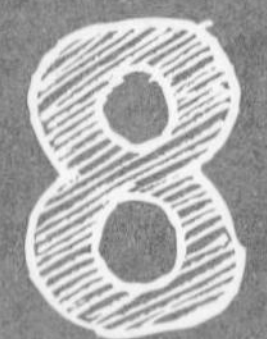

# クライアントに言いにくいこと

ペラ
ペラ
ペラ
ーえっと
もう一度言っていただけますか？
ペラ
うん
うん
ペラ
ペラ
これで大丈夫ですか？
トン
トン
ハイッ
ありがとうございました!!
ダメだこりゃ
じー
大事な資料

クライアントに言いにくいこと

# クライアントから無理な要求をされ、自分では何と答えていいかわからないとき

つい言ってしまいがちな言葉

×

**それは、私からは何とも……。**

一般的な敬語

△

**その件につきましては、社に持ち帰って確認の上、お返事します。**

## 一目置かれる伝え方

# 私では判断いたしかねますので、一旦持ち帰り上席にかけあってみます。明日の正午までお時間いただけますでしょうか？

お取り引きをする上で、相手側の要求にお応えできない場合も少なくありません。無理難題をつきつけられた際に、「このご希望には絶対に沿えない」と自身で判断できてはいても、その場ですぐお断りするのも忍びない……という状況もあるでしょう。

ビジネスでもプライベートでもコミュニケーションで大切なのは、まず相手の言い分や気持ちを受け取るということ。そして、何とかしてその希望に応えたいという思いと誠意を表すことです。

そこで、「私から上の者にかけあってみます」など、相手のために尽力したい旨を伝えることも必要です。「確認してみます」ではなく「かけあう」ですと、相手側は自分の味方になってくれている印象と受け取り、信頼度もアップするかもしれません。

「かけあう」ことで
信頼につなげる！

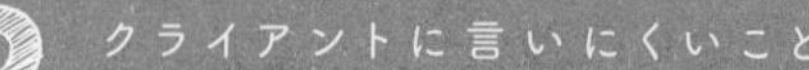

# 名刺をもらったものの、名前の読み方がわからないとき

つい言ってしまいがちな言葉

**ありがとうございます（読み方確認せず）。**

一般的な敬語

**変わったお名前ですね。なんと読めばいいでしょうか？**

## 初めて拝見するお名前です。なんとお読みすればよいでしょうか？

名刺交換の際は、「〇〇と申します」と名乗りながら名刺を渡してくださるのが通常ですが、聞き慣れない名字の場合、一度では聞きそびれてしまうこともありますね。

相手の名前を間違えるのは失礼にあたりますし、後になればなるほど確認しづらくなるものです。珍しい名前の方には、「初めて拝見するお名前です。〇〇様でよろしいですか？」「お珍しい名字でいらっしゃいますね。なんとお読みすればよいでしょうか？」など、名刺交換の場でしっかり確認しておくことが大切です。

また、その際に「どちらのご出身ですか？」と尋ねる人も多いのですが、プライベートなこととして失礼に感じる方もいらっしゃいます。初対面で踏み込みすぎるのは、極力避けたほうが無難です。

読み方は
その場ですぐ確認！

クライアントに言いにくいこと

# 名刺交換の場になって、名刺を忘れたことに気づいたとき

つい言ってしまいがちな言葉

✕

**名刺、会社に置いてきちゃいまして。**

一般的な敬語

△

**あいにく名刺を切らしておりまして。**

## 一目置かれる伝え方

# 申し訳ございません、ただいま名刺を切らしておりますので、後日、お送りさせていただきます。

名刺を忘れたときは、「忘れました」と言うより「切らしておりまして」と言うのが一般的です。丁寧な対応を心がけている方であれば、「後日、お送りさせていただきます」と伝え、相手の方の職場にお送りすることもあります。

送付まではしなくとも、帰社後、お詫びの言葉と自身の連絡先などをメールしたり、名刺を添付したりしても誠実な印象を与えられるでしょう。もちろん、次回お目にかかった際には、今一度お詫びをお伝えして名刺をお渡しします。

ちなみに、メールの署名は、ビジネス上のやりとりであれば毎回入れることをおすすめします。電話をしたり郵便物を送ったりするときに直近のメールにその情報が記載されていないと、署名のあるメールまで辿(たど)るか、名刺を探さなくてはなりません。相手の手間を想像できるということは、ビジネスで必要なスキルのひとつです。

帰社後、お詫びの言葉と
自身の情報をお送りする！

クライアントに言いにくいこと

# アポイントなしに訪問したところ、迷惑そうな反応だったとき

つい言ってしまいがちな言葉

✕

**次は、連絡入れてからにしますね。**

一般的な敬語

△

**次回は、必ずご連絡してから参ります。**

## 近くに参りましたので、日ごろのお礼だけ伝えたく寄らせていただきました。次回からは事前にご連絡さしあげてから参ります。

メールやSNS、携帯電話といったコミュニケーションツールが主流になり、リモート会議も定着している現在。従来までとは異なり、仕事相手とリアルに顔を合わせることは、重要な意味を持ち貴重なものになりつつあります。

実際にお目にかかる回数が多いと、心理的な距離が縮まることもあるので、クライアント企業の近くに行った際には挨拶がてら寄ってみようかな、と思うかもしれません。

訪ねる側としては「いなかったら仕方がない」「一応行ってみようか」という軽い気持ちのことも多いのですが、訪ねられた側にしてみれば不意の訪問は必ずしも歓迎できるものではありません。

残念ながらそのような空気を察した場合は、「ひと言、日ごろのご挨拶を、とうかがいました」とだけ申し上げ、サッと立ち去るのが賢明です。

空気を読んで、
サッと去る!

# 8-5 クライアントに言いにくいこと

# 自分のミスでクライアントに迷惑をかけてしまったことを謝るとき

つい言ってしまいがちな言葉

この前は、ミスしてしまって
いろいろとすみませんでした。

一般的な敬語

前回は勘違いでご迷惑をおかけしまして、
申し訳ありません。

## 一目置かれる伝え方

**先日は私の手違いでご迷惑をおかけし、申し訳ございませんでした。信頼を回復できるよう、全力で取り組ませていただく所存です。**

ミスをしたときは、とにもかくにも誠心誠意お詫びすることが大切です。「申し訳ございませんでした」「大変失礼いたしました」「本当に申し訳ないことをしてしまいました」「心よりお詫び申し上げます」など、いくつかの謝罪の言葉を丁寧に伝えます。

そして、「信頼を回復できるように精一杯取り組んで参ります」など、何とか次のチャンスをいただきたい旨を申し上げることも必要でしょう。

謝罪では、カッコよくスマートな言い方を考えるのではなく、素直で真摯な姿勢で心からお詫びの言葉をお伝えするしかありません。

真摯にお詫びし、
「次こそは」の気持ちを見せる!

クライアントに言いにくいこと

# 失礼なことを言ってしまったことに気づいたとき

つい言ってしまいがちな言葉

……（あ、まずいこと言っちゃった）。

一般的な敬語

大変失礼いたしました。

## 一目置かれる伝え方

# 意図せず失言してしまいましたこと、心よりお詫び申し上げます。

　相手に対して失礼なことを口にしてしまった！　と気づき、その後気まずい思いをしたことはありませんか？

　そんなとき、単に「失礼いたしました」や「申し訳ありませんでした」とお詫びするだけでなく、実際はそう思っていないことだったにもかかわらず、何らかの理由で口にしてしまった旨と、不快感を与えたことをお詫びしたい、というニュアンスで伝えたいもの。

　全くの言い間違いだった、お聞きしたことや状況を勘違いして言ってしまった、などの意を表すために、「意図せずして」「意に反して」「図らずも」「心ならず」などの言葉を用い、丁寧に失言を謝罪します。

本心でなく勘違いからの言葉……と伝え心から謝罪！

クライアントに言いにくいこと

# クライアントの説明がよく聞き取れなかったとき

つい言ってしまいがちな言葉

**もう一度お願いします。**

一般的な敬語

**恐れ入ります、もう一度おっしゃっていただいてもよろしいでしょうか？**

デキる人の
一目置かれる伝え方

# 申し訳ありません、もう一度おうかがいしてよろしいでしょうか？

よく使われる聞き返しの言葉として、「もう一度おっしゃってくださいますか？」があります。こちらは話し手、つまり相手の方が主語となります。

一方で、「もう一度おうかがいしてもよろしいでしょうか？」は、聞き手である自分が主語。もう一度言っていただくという結論に変わりはないのですが、自分が「聞く」という行動を起こすことに焦点を当てている後者のほうが、遠回しで柔らかく、失礼なく伝えることができる、ちょっとしたコツです。

このように、頼みにくいことを伝えるときには、主語を入れ替えるという方法を覚えておくと役立つでしょう。

頼みにくいことは
主語を入れ替えてみる！

Chapter

# 挨拶や雑談のとき

みなさんでどうぞ!
んまんま
おいしそー
ありがとー
ニコ
ニコ
ニコ
ニコ
おいしーね
ニコ
ニコ
さっき来た人が持ってきたんだけど
自分が買ってきた風にするな!!

挨拶や雑談のとき

# 打ち合わせに出かけるとき

つい言ってしまいがちな言葉

×

**行ってきます。**

一般的な敬語

△

**○○様のところに行って参ります。**

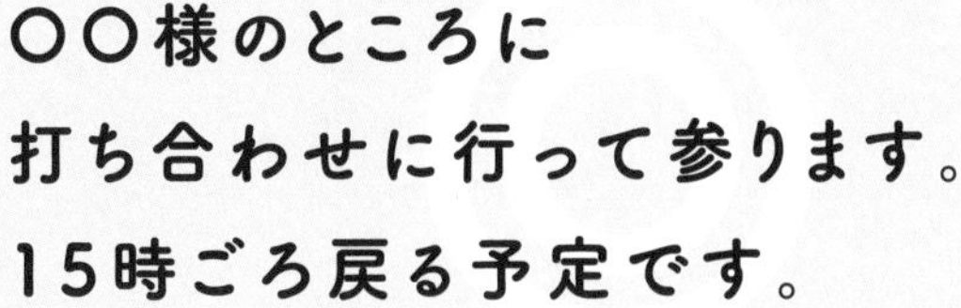

## ○○様のところに打ち合わせに行って参ります。15時ごろ戻る予定です。

昨今、管理ソフトなどでスケジュールを共有している企業も多く、個人の外出予定は社員間ですぐに把握できます。そうではあっても、無言で、あるいは「行ってきます」だけで外出なさるのは、同じ職場内においての良好なコミュニケーションとは言えません。

直属の上司や近くの席の方には外出の概要を伝えてから出かけるのが好ましいはず。

「○○社さんへのプレゼンに行って参ります。16時ごろには戻る予定です」など、行き先と目的、及びおおよその戻り時間は伝えたいものです。

仕事において自身の所在を明確にしておくのは基本であり大切なことです。これはリモートワークであっても同様です。

ひと声かけて、所在を明確に！

挨拶や雑談のとき

# 上司や先輩たちより早く帰るとき

つい言ってしまいがちな言葉

×

**じゃあ、これで。**

一般的な敬語

△

**お疲れさまでした。**

デキる人の
一目置かれる伝え方

## お先に失礼いたします。

仕事終わりで退社する際の挨拶言葉として、「お疲れさまです」「お疲れさまでした」は定番となっています。もし、上司や先輩方がまだ仕事中であるのなら、「お先に失礼いたします」はプラスしたい言葉となります。

このとき、上司、先輩よりも先に帰ることに恐縮し気が引け、「すみませんが、お先に失礼します」と言いがちでもありますね。もしやるべき仕事を終わらせずに帰るのでしたら「申し訳ありませんが」や「すみません」を入れるべきですが、通常の業務を終え退社する場合は特に不要でしょう。

逆に、後輩が「お先に失礼します」と帰っていく際には、気持ちよく「お疲れさま」と見送れる上司、先輩になりたいものですね。

業務を終えたら
悪びれずに帰る！

挨拶や雑談のとき

# 先に帰る上司に挨拶するとき

つい言ってしまいがちな言葉

**ご苦労さまです。** ×

一般的な敬語

**お疲れさまでした。** △

デキる人の
一目置かれる伝え方

## お疲れさまでした。

多くの方は上司に対して「お疲れさまでした」という声かけをなさっているのではないでしょうか？ しかし、「ご苦労さま」も「お疲れさま」も相手をねぎらう言葉であることに変わりはありません。

ねぎらうとは、その人の苦労や頑張り、骨折りをいたわる、慰めるといった意味となり、見下すというニュアンスも感じさせてしまうため、実は、目上の方に使うのは失礼にあたるとされているのです。

言葉もコミュニケーションも、時代とともに変化します。現在では目上の方に「お疲れさまでした」はよしとされていますので、必要以上に神経質になることはないでしょう。また、それに代わる目上の方に向けた言葉が存在しないのも現実です。私たちはマナー知識を持った上でその場の状況を読みながら、自身で選び使いたいものです。

上司に「お疲れさま」は
周知されている！

挨拶や雑談のとき

# 上司や先輩から食事の誘いを受けたとき

つい言ってしまいがちな言葉

×

**行きましょう！**

一般的な敬語

△

**ご一緒します。**

デキる人の

## 一目置かれる伝え方

# 喜んでお供させていただきます。

上司や先輩から、クライアントとの会食や、社内の飲み会などのお誘いを受けたとき、「ご一緒します」「ご一緒させていただきます」と言うことがあるかと思います。

しかし、「一緒」は相手と対等、同等を意味する言葉となりますので、マナーの考え方としては避けたいところです。

目上の方のお誘いには、「お供いたします」のほうが適切です。また、目上の方に伴う、連れ立つといった意味である「ご相伴にあずかります」という表現もありますので、相手の方との関係性や状況によって選んでみてください。

また、接待などの場面では、自分が苦手な食物をわざわざ伝えるのは好ましくありませんが、アレルギーについては別です。重大な症状につながりかねませんので「恐れ入りますが、○○にアレルギーがございまして」と予め知らせておくのも礼儀です。

目上の方には
「お供」が正解！

挨拶や雑談のとき

# 食事の場で、上司に飲み物のリクエストを聞くとき

つい言ってしまいがちな言葉

×

**何飲みます？**

一般的な敬語

△

**飲み物は何がいいですか？**

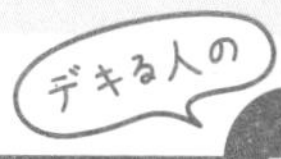

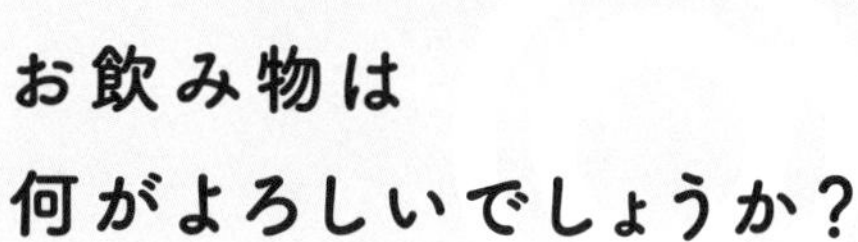

# お飲み物は何がよろしいでしょうか？

上司へ尋ねる際の言葉遣いとしては、「何がいいですか？」より、「何がよろしいですか？」「何になさいますか？」が適しています。

以前は新人の方など、その場で最も下の立場の社員、もしくは女性がお料理を注文したり取り分けたり、お酌をしたり……が当たり前とされていた慣習が長く続きましたが、今ではそのような風潮もなくなりつつあります。ハラスメントと見なされることもあるでしょう。

また、新人だから、女性だからといって絶対にお酒は注がない！ お料理は取り分けない！ と決めてしまうのもしなやかさがなく窮屈です。気づいた人がやり、特定の人物に押し付けない、役割を限定しないなど、何事にも柔軟な姿勢が大切でしょう。あなたもこだわりなく、後輩にも「何飲む？」と声かけしてみてはいかがですか？

言葉遣いには敬意を、
お酌はその場に応じて！

挨拶や雑談のとき

# 9-6 お酒が飲めないのに、「まあ一杯」とすすめられたとき

つい言ってしまいがちな言葉

×

**お酒飲まないんで。**

一般的な敬語

△

**アルコールはいただけないんです。**

デキる人の

## 一目置かれる伝え方

**お気遣いありがとうございます。
アルコールはいただけないので、
ウーロン茶にしても
よろしいでしょうか？**

ひと昔前と違い、上司がお酒を強要するような場面は少なくなったようです。しかし、地域や人によっては「まあ一杯だけ」「付き合い悪いなあ」「クライアントの手前」など、断りづらい雰囲気になることもあるかもしれませんね。その場合は「では形だけ」と言って乾杯のときのみ手にされるのも、スムーズな大人の付き合いのひとつでしょう。

また、「お気遣いありがとうございます」とお礼を言ってから、「残念ですが、アルコールのアレルギーなので、ソフトドリンクをいただきます」と礼儀正しく、尚且つ毅然とお伝えすることも大切です。

今後もお酒の席でご一緒することがある方でしたら、毎回ごまかしながら過ごすより、早めに飲めない、飲まないことを知っていただくほうが、双方にとって気遣いなく過ごせるでしょう。

飲まないことを
知ってもらうことも必要！

9-7 挨拶や雑談のとき

# 食事の場で、「おかわりどう？」とすすめられたとき

つい言ってしまいがちな言葉

**あ、大丈夫です。** ✕

一般的な敬語

**もう入りませんので……。** △

デキる人の
一目置かれる伝え方

# もう十分いただきました。ありがとうございます。

あなたは何かをお断りするとき、「大丈夫です」と言っていませんか? 例えば、「〇〇は食べられますか?」「お酒は飲めますか?」と尋ねられた場合の「大丈夫です」はYESの意味の答えとなるので問題ありません。では、以下の場合はどうでしょう?「お代わりいかがですか?」「ワイン飲みますか?」に対して、お断りする意味の「大丈夫です」という返事。もし「大丈夫」を付けるのであれば、「もうお代わりのお気遣いはいただかなくても大丈夫です」や「ワインはもう飲まなくても大丈夫です」となります。

お断りする場合は、「十分いただきましたので」「もう結構でございます。ありがとうござます」などの答え方がおすすめです。なお、「結構です」だけですとやや冷たい印象となるので、必ずお礼の言葉「ありがとうございます」をプラスして、お気遣いへの感謝も添えるようにします。

好意を受け取りつつ
上手にNOを言う!

挨拶や雑談のとき

# 上司や先輩に食事をごちそうになり、帰りに挨拶をするとき

つい言ってしまいがちな言葉

×

**ごちそうさまでした。**

一般的な敬語

△

**ごちそうさまでした。とてもおいしかったです。**

デキる人の

一目置かれる伝え方

## ごちそうさまでした。本日はお誘いいただき、ありがとうございました。○○が新鮮で本当においしかったです。

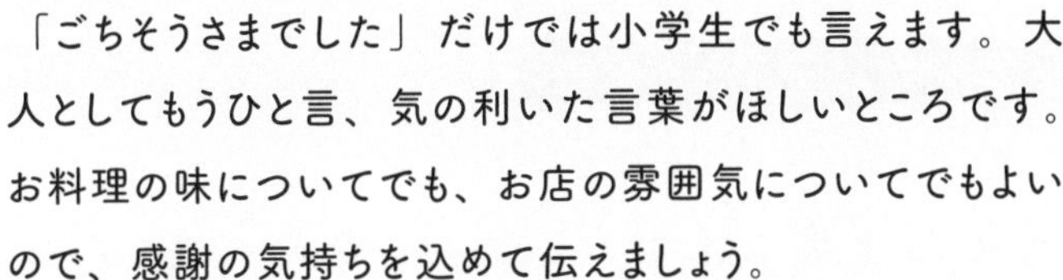

「ごちそうさまでした」だけでは小学生でも言えます。大人としてもうひと言、気の利いた言葉がほしいところです。お料理の味についてでも、お店の雰囲気についてでもよいので、感謝の気持ちを込めて伝えましょう。

何がどのようにおいしかったか、具体的な感想を言う癖をつけておくと、お礼を伝える様々な場面で役立ちます。「○○が濃厚でとてもおいしかったです」「△△のスープは珍しくて貴重な経験でした」「デザートの□□は初めていただいたので感激でした」など、印象に残った点に言及します。

すでに上司や先輩とメールやSNSでやり取りなさっているのであれば、帰りの電車の中ですぐにメッセージを送ると好感を持たれるでしょう。そのあたりは、普段の関係性で判断しつつ、早めに伝えます。もちろん、翌朝会社でも再度お礼を言うのを忘れずに。

特においしかったお料理と
お礼の言葉をセットで！

9-9 挨拶や雑談のとき

# 旅行先で買ってきたお土産（食べ物）を部署の人たちにすすめるとき

つい言ってしまいがちな言葉

**旅行のお土産なんで、みなさんで食べてください。**

一般的な敬語

**つまらないものですが、<br>みなさんで食べてください。**

デキる人の

## 一目置かれる伝え方

# ○○に参りましたので、評判のものを選んでみました。よろしければみなさんで召し上がってください。

昨今では、「つまらないものですが」や「お口汚しですが……」と謙遜しながら手土産を渡すのは、古いと言われるようになりました。確かに、ここまでの謙遜は今の時代に合いません。

食べ物をすすめるなら、むしろ「みなさんのために、おいしいものを選んできました！」という気持ちでお渡しするほうが喜んでいただけるでしょう。

「試食したらとてもおいしかったので」「地元で人気のお店だそうです」など、ぜひ受け取る方がうれしくなるようなひと言を添えてみてください。

なお、「行列に30分並んで買って参りました」「1カ月前から予約しておいたんです」などは、恩着せがましく聞こえる場合もあるので、目上の方には控えたほうがよいでしょう。

謙遜しすぎず、
むしろおいしさをアピール！

9-10 挨拶や雑談のとき

# 上司や先輩が買ってきたお土産（食べ物）をすすめられたとき

つい言ってしまいがちな言葉

×

**せっかくなので、ごちそうになります。**

一般的な敬語

△

**では遠慮なく。**

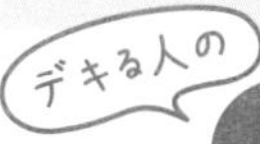


一目置かれる伝え方



## ありがとうございます。
## おいしそうですね。

よく言いがちな「せっかくなので」という言葉。すすめられたから、誘われたから仕方なく、というニュアンスが含まれてしまいますので、素直に喜んでお受けしているようには伝わりにくいこともあります。

「遠慮なく」という表現は定型句ではありますが、それだけでは、やはり「うれしい」「おいしそう」という感情が伝わりにくいため、「ありがとうございます！遠慮なくいただきます」や「おいしそうですね！では遠慮なく」など、何かポジティブな言葉もプラスしておっしゃるとよいでしょう。

いただいた後もそのままにはせず、「先ほどはごちそうさまでした」＋(プラス)味の感想も必ず伝えたいものです。

遠慮の表現には
ポジティブな言葉もプラス！

# 9-11 挨拶や雑談のとき

## 上司や先輩が買ってきたお土産（食べ物）をすすめられたが、満腹（あるいは嫌い）で食べられないとき

つい言ってしまいがちな言葉

**あ、大丈夫です。** ×

一般的な敬語

**どうぞお気遣いなく。** △

デキる人の
## 一目置かれる伝え方

# ありがとうございます。後ほど楽しみにいただきます。

「どうぞお気遣いなく」という言葉。相手への気遣いを表す謙虚で丁寧な言い回しにも聞こえますね。しかし、何かをすすめられた際の答え方としてはやや失礼に受け取られることもあります。もしくは、すすめられたことをありがた迷惑に感じているように聞こえてしまうかもしれません。

それは、ひと言足りないから！ 今はお腹がいっぱいで食べられないけれど、後ほどいただきたい旨までを伝えるようにしましょう。

「ありがとうございます。後ほど楽しみにいただきます」などの言い方が適切です。このようにちょっとした違いではありますが、ご親切にすすめてくださった方へしっかり感謝が伝わる言葉とともに受け取るよう心がけてください。

遠慮だけでなく、
うれしさもしっかり伝える！

# Chapter 10

# 冠婚葬祭のとき

おめでとう！
すっごくいい
披露宴だったー
ありがとう
来てくれて
うれしい！
こちらこそ
お招きいただき
ありがとう
そんな……
ぐすっ
えっ
だってこんなに
お腹いっぱい
だもん！
食べ放題の
ノリで
来てんな
ぼっぼくのまで
カラン

10-1 冠婚葬祭のとき

# 結婚式に呼ばれ、新郎新婦のご家族に挨拶をするとき

つい言ってしまいがちな言葉

×

**おめでとうございます。よかったですね。**

一般的な敬語

△

**おめでとうございます。**
**本日はお招きいただき、ありがとうございます。**

**本日はおめでとうございます。とても感動的なお式でした。お招きいただき、ありがとうございました。**

---

　結婚式や披露宴に招かれた際は、本人にもそのご親族へも挨拶に行くのがマナーです。その際、おっしゃっていただきたいことは3つあります。

①まずは、「本日は誠におめでとうございます」というお祝いの言葉。

②「お招きありがとうございます」というご招待いただいたことに対しての感謝の言葉。

③「本当にお綺麗な花嫁さんですね」や「素敵な会場ですね」「和やかで楽しい披露宴でした」など、主役の新郎新婦のこと、お式や披露宴の会場、雰囲気などを称賛する言葉。

　この3つをセットにし、大人の挨拶をいたしましょう。

---

お祝い、感謝、褒める
のセットで挨拶!

# 10-2 冠婚葬祭のとき

## 祖父（祖母）が亡くなったことを人に伝えるとき

つい言ってしまいがちな言葉

×

**祖父（祖母）が死んでしまいましたので。**

一般的な敬語

△

**祖父（祖母）が亡くなりまして。**

デキる人の
一目置かれる伝え方

# 祖父（祖母）が他界いたしましたので。

家族や親族が亡くなったことを人に告げる場合、「亡くなる」は敬意表現となり、本来身内に使う言葉としてはふさわしくありません。ただし、「死ぬ」という言葉はダイレクトで少々乱暴に聞こえてしまいますので、「亡くなる」で特に問題はないでしょう。他に、「他界」「永眠」「死去」が適しています。

身内以外の方が亡くなった際は、「逝去」も使われる言葉です。

また、よく聞かれる言葉に「お亡くなりになられました」があります。本来、二重、三重敬語はNGとされているのですが、このような場合に限っては使用してもマナー違反とは思われないでしょう。

身内には「他界」。
「逝去」は敬意表現！

# 10-3 冠婚葬祭のとき

# 知人のお通夜に駆けつけ、ご遺族に挨拶をするとき

つい言ってしまいがちな言葉

✕

**本当に大変なことで……。**

一般的な敬語

△

**ご愁傷さまでございます。**

デキる人の

# 一目置かれる伝え方

## このたびは……。

ご遺族やご関係者の方にかける言葉としては、「このたびはご愁傷さまでございます」が一般的でしょう。ですが、故人やそのご家族との関係性を考えたときに、「ご愁傷さま」という型にはまった言葉は、よそよそしく感じられることがあるかもしれません。

親しい人のお通夜に駆けつけての第一声の場合は、決まったセリフをおっしゃるより、「このたびは……」と言葉にならない気持ちをご遺族と共有することも大切な気がします。

いずれにしても、お悔みの言葉ははっきりと言う必要はなく、言葉をにごす、語尾が小さくなる、さらには、言葉も出ないくらいのショックを抱えたままご挨拶なさる、ということでも問題ありません。

言葉にならない気持ちを
そのままに……

# 10-4 冠婚葬祭のとき

# お通夜やお葬式の帰りにご遺族に挨拶をするとき

つい言ってしまいがちな言葉

**がんばってください。** ×

一般的な敬語

**お力を落とされないように……。** △

デキる人の
一目置かれる伝え方

## お力落としのことと存じますが、何かお手伝いできることがありましたらおっしゃってください。

悲しみに暮れているご遺族になんと言葉をかけていいのか、誰もが悩みますが、その場を辞するときには挨拶をしてから失礼します。

ご遺族の大きな悲しみの中、「がんばってください」という言葉は、いく分配慮が足りず、この場ではふさわしいものではありません。「お力を落とされないように」という言い回しもありますが、この表現も共感に欠け、同様に避けたい声かけです。

「お力落としのことと存じます」と傷心の思いに寄り添いつつ、自分にできることがあれば遠慮なく言ってほしい旨を伝えます。力になりたいというあなたの思いは、きっと届くはずです。

気持ちに寄り添い、
力になりたい気持ちを伝える

# 10-5 冠婚葬祭のとき

# 結婚式の招待状が届いたが、返信用ハガキで欠席の意を伝えるとき

ついやってしまいがちなこと

×

「御欠席」に○をつける。

一般的なやり方

△

「御出席」と、「御欠席」の「御」を二重線で消す。

デキる人の

## 一目置かれる伝え方

（「御出席」の三文字と、「御欠席」の「御」を一文字ずつ「寿」で消し、）**「おめでとうございます。出張中につきおうかがいできず大変残念です」**（と書き添える）

---

やむなく欠席される場合は、「御出席」を二重線で消し、「御欠席」の「御」も同様に消します。ただ、お祝いのシチュエーションを考えると、それだけではご招待いただいたお心に対して、失礼となります。お祝いの言葉とともに「せっかくお招きいただいたのに残念」という気持ちを文章で書き添えることを忘れないようにしましょう。なお、このとき二重線で消す代わりに、おめでたい「寿」で消す方法もあります。

「御住所」「御芳名」の「御」「芳」も必ず消します。そして、ハガキの表面に記されている相手の宛名の「行」を「様」に書き換えることもお忘れなく。

---

大人の礼儀として
「御」「芳」は消す！

# 10-6 冠婚葬祭のとき

# 身内の慶事に、足を運んでお祝いしてくれた目上の方にお礼の気持ちを伝えるとき

つい言ってしまいがちな言葉

×

**どうもありがとうございます。**

一般的な敬語

△

**お忙しい中、恐れ入ります。**

## お忙しい中、ご丁寧に痛み入ります。

目上の方にご足労いただいたときや、ご厚意を受けた際などの恐縮する場面では、一般的に「ありがとうございます」「感謝申し上げます」「すみません」「恐れ入ります」「恐縮です」などと述べますが、「痛み入ります」という言葉もあなたの引き出しに入れておきましょう。

この「痛み入ります」は深い感謝を表現する言葉で、「誠にありがとうございます＋恐縮でございます」といったニュアンスになります。ただお礼や感謝を告げるだけではなく、「そんなにしていただき恐れ多いです」という恐縮の気持ちと共に伝えられます。

私たちは、恐れ多い、恐縮の思いがあると、つい「すみません」「申し訳ありません」という言葉を選びがちなのですが、目上の方に何かしていただいた際に使えるよう、ぜひ覚えておきたい言葉です。

目上の方には「痛み入る」
を使いこなそう!

シャキーン!!
立派になって…

## 諏内えみ　Emi Sunai

結果を出す「マナースクールライビウム」「親子・お受験作法教室」代表。皇室や政財界をはじめとするVIPアテンダント指導などを経てスクールを設立。一目置かれるビジネスマナーや婚活講座の他、「育ち」や「品」を身につけ、美しいふるまい、会話、社交術、テーブルマナーを指導する講座が人気。一流企業のスキルアップ研修や、そのトップ陣、経営者へのセミナー、全国での講演依頼多数。映画やドラマでの有名俳優のエレガント所作、スマート所作指導にも定評があり、「世界一受けたい授業」「ホンマでっか!? TV」「あさイチ」などメディア出演も多く、YouTube「諏内えみチャンネル」、TikTok、Instagramでも活躍中。
大ベストセラー『「育ちがいい人」だけが知っていること』『もっと！「育ちがいい人」だけが知っていること』（ダイヤモンド社）、『「ふつうの人」を「品のいい人」に変える 一流の言いかえ』（光文社）、『世界一美しいふるまいとマナー』（高橋書店）、『大人の若見えを叶えるしぐさとふるまい』（大和書房）など著書多数

編集協力／佐藤恵
ブックデザイン／岩永香穂（MOAI）
カバー・本文イラスト／koriko
DTP／エヴリ・シンク
編集／尾小山友香

一生ものの「正しい敬語と上級の気遣い」
先生！ ダメダメな私を2時間で
仕事デキる風にしてください！

2023年 1月 6日　初版発行

著者／諏内 えみ

発行者／山下 直久

発行／株式会社KADOKAWA
〒102-8177　東京都千代田区富士見2-13-3
電話 0570-002-301（ナビダイヤル）

印刷所／株式会社暁印刷



●お問い合わせ
https://www.kadokawa.co.jp/（「お問い合わせ」へお進みください）
※内容によっては、お答えできない場合があります。
※サポートは日本国内のみとさせていただきます。
※Japanese text only

定価はカバーに表示してあります。


ISBN 978-4-04-605485-2　C0030